COMPOSITION SENSE

영작문 감각

영 · 작 · 의 · 흥 · 미 · 와 · 영 · 작 · 의 · 즐 · 거 · 움

ENGLISH COMPOSITION SENCE

영작문 감각

심민자 지음

C o m p o s i t i o n S e n s e

경남대학교 출판부

영작문 감각

심민자 지음

초판인쇄 2010년 4월 29일
초판발행 2010년 5월 10일

펴낸이 박재규
펴낸곳 경남대학교 출판부

주소 경남 마산시 월영동 449
전화 055) 243-2330 · 249-2074
팩스 055) 249-2073
전자우편 ko10@kyungnam.ac.kr

ISBN 978-89-8421-321-0-13740

값 10,000원

차례

PART 1

1. 들어가는 말
2. 숙어와 관용구의 정의
3. 영어와 한국어의 구문론
4. 책의 사용법에 관한 Tips

1 들어가는 말

해마다 국내에서 수없이 다양한 종류의 영작문과 영어문법에 관한 서적들이 끊임없이 출판되어 오고 있는 사정을 감안할 때, 과연 또 다른 하나의 영작문의 책의 출판의 의미를 어디에 둘 것인가를 간과할 수 없는 상황이다. 이 영작문 책의 중추적인 목적은 기초와 중급 차원의 영어문법을 마스터한 학생들에게 영어문법 위주의 영작의 틀을 탈피하여 영작의 두려움을 최소화하여 영작의 즐거움을 생성할 수 있는가에 중점을 두고 있다.

이 책의 목적은 영작문에 관한 어떤 구체적인 이론과 방법을 제시하기 보다는 비영어권 학생이 미국인과 평상시 대화를 나눌 때, 그리고 문학텍스트를 독서할 때, 혹은 TV를 시청할 때 미국인들이 즐겨 빈번히 사용하는 숙어와 관용구의 표현들을 습득함에 있다. 만약 비영어권 학생들이 영어권 사람들의 일상적인 생활에서 빈번하고 다양하게 통용되고 있는 관용구, 격언, 속어, 그리고 상투적인 표현들을 올바르게 이해하고 있지 못하면, 그것은 영어권들 사람들과의 진정한 소통과 이해가 불가함을 의미한다. 이 책은 학생들에게 빈번하게 사용되고 있는 숙어와 관용구와 표현들을 어떻게 한국어로 영작을 할 수 있는 가에 대한 감각과 차이를 보여주고자 한다. 그리고 한국어식 표현이 어떻게 적절하게 영어 숙어와 관용구로 치환될 수 있는 가를 연습함으로써 한국어와 영어의 구문론적인 차이점을 이해할 수 있을 것이다. 그 결과 한국어의 관용구, 속담, 격언 그리고 격언들이 어떻게 영작될 수 있는 가를 비교하고 분석함으로써 영작의 흥미를 증대시키고 빈번하게 활용함에 목적이 있다.

인간은 이미 기존에 사용하고 있는 단어들을 사용하여 새로운 의미로 함께 묶어 그리고 새로운 의미로 개념을 발달시킨다. 만약 우리가 텍스트 내에서 각각의 단어의 의미를 이해하고 있으나, 그 텍스트가 무엇에 관하여 언급하고 있는 가를 총체적으로 파악하는 데 어려움이 있다면, 그것은 영어 관용구에 관한 의미가 부족했나는 것을 의미한다. 영어는 특히 과중한 관용구들로 구성되어 있기 때문에, 비영어권의 사람들은 숙어와 관용구들과 익숙해져서 그리고 그것을 암기하여 회화로 연결이 되어야 한다. 한국어를 실례로 든다면, "먹다"라는 표현은 상황, 계층, 연령, 등의 차이를 감안해서 여러 가지 방식으로 표현될 수 있듯이 영어도 "먹다"에서 다양한 표현으로 담아낼 수 있다.

모든 언어에서 문법은 수사적 논리이다. 내용 하나의 요소가 변하면 전체 의미도 변한다. 언어에서 수학의 규칙에 대응되는 것은 문법이다. 인간만이 그 규칙을 가지고 창조적인 행위에 의하여 무한수의 문장을 창조할 수 있다. 그러나 문법이 모든 것을 해결할 수는 없다. 한국어나 영어의 문법 중에는 우리가 쉽게 설명 할 수 있는 부분도 있지만 많은 부분은 설명될 수 없다.

구체적인 실례로 다음의 텍스트는 영어 숙어와 관용구의 의미파악의 절대성을 증명하는 문장이다.

> Mr. Kim is a <u>real cool cat</u>. He never <u>blows his stack</u> and hardly ever <u>flies off the handle</u>. What's more, he knows <u>how to get away with things</u>.

이 문장에 쓰인 숙어와 관용구의 의미를 격식적인 정식의 문장으로 치환하면 다음과 같은 문장으로 치환될 수 있다.

> Mr. Kim is really a <u>calm person</u>. He never <u>loses control of himself</u> and <u>hardly ever becomes too angry</u>. Furthermore, he knows <u>how to manage</u>.

진정한 영작과 회화의 감각은 영어문법을 정복한 이후에 끊임없는 숙어와 관용구의 반복을 통하여 현실생활에서 적극적으로 활용함으로써 성취될 수 있다. 만약 텍스트내의 숙어와 관용구들을 정확하게 이해하지 못한다면, 위에 쓰인 텍스트의 전체적인 의미를 파악할 수 없다. 이 책은 학생들에게 이러한 관용구와 숙어의 의미를 파악하고 그리고 이것들을 어떻게 한국어로 해석하고 그리고 이것들을 어떻게 영작으로 표현할 수 있는 감각을 체득하여 활용할 수 있는가에 목적이 있다.

2 숙어와 관용구의 정의

숙어란 이미 그것 고유의 의미를 지니고 있는 일련의 단어들에 새로운 의미가 부여된 것이다. 숙어란 2개 이상의 단어가 결합하여 두 개의 단어가 결합하여 구문상 1개의 단어와 같은 작용을 하는 단어이다. 영어의 'to fly off the handle'은 "화를 내다"라는 뜻의 하나의 의미를 지니는 단어처럼 사용된다. "일련一連의 표현이기는 하지만 문법 속에서 몇 단어의 연속으로 간주되는 것은 관용구·성구成句 등이라고 한다. 그 결합이 1개의 단어로 간주되어 전체로 어떤 한 품사에 속할 때는 복합어·성어成語 등이라 한다. 한자의 행복, 등산, 당당, 청천백일 등도 숙어에 속한다." 출처: 두산백과사전

관용구란 언어만이 지니는 특유의 습관화된 언어형태이다. 한 언어의 내부에 있어서 어떤 구句 의 전체적 의미가 그것을 구성하고 있는 각 형태소의 의미의 조합으로 설명될 수 없는 모든 언어형태를 말한다. 예를 들어 영어의 "It rains cats and dogs". 비가 억수같이 쏟아진다 "He kicked the bucket 그는 죽었다 등이며, 사전적 용어로는 흔히 숙어로 표현된다. 비문법적이지만 사회적으로 통용되며, 그 의미가 확실한 것을 뜻하기도 하고 한자의 고사성어도 관용구라 한다. 출처: 두산백과사전

관용구나 숙어는 영어문법을 걱정하지 말고 그냥 관용구로 배워두어야 한다. 왜냐하면 어떤 특정 시기나 지역에서 특정인들이 쓰는 언어의 어법이기 때문이다. 예를 들면, "Let the cat out of the bag"은 '무심코 비밀을 말해 버리다'는 뜻의 관용구이다.

여기서 다루고 있는 숙어와 관용구는 기존의 영한사전에서 쉽게 찾아볼 수 있다. 이러한 숙어들은 우리에게 익숙해진 품사문법이고 혹은 문자 그대로 분명하게 들어나 있다. 예를 들면, 'get away with', 'get up', 'get out' 등이다. 또한 수많은 숙어들이 'hot dog', 'White House'과 같이 명사들이다. 이런 부류의 숙어들은 우리에게 이미 친근하고 익숙해진 숙어들은 "어휘소 숙어"들이라고 명명할 수 있다.

두 번째 숙어들의 부류는 길이기 완전한 구句를 구성히듯이 상당히 길고 그리고 영

어를 명문으로 만든다. 예를 들면, 'lose control over oneself', 'and to blow one's stack'와 'to be up the creek'는 'to be in a predicament or a dangerous position'을 의미한다. 이런 부류의 숙어들을 단순하게 '어법의 숙어들'이라고 명명할 수 있다. 이 부류의 숙어들의 공통점은 문법과 쉽게 일치하지 않고 그리고 그 숙어보다 더 길고 상세하게 부연하거나 혹은 바꾸거나 의역으로 설명되는 것이 필요하다. 이런 숙어들의 형태는 고정되어 있고 제한적인 숫자만이 통용된다.

숙어의 세 번째 부류로 가장 커다란 부류는 격언과 속담이다. 가장 빈번하게 사용되는 대표적인 숙어는 'don't count your chickens before they're hatched' 떡줄 사람은 생각하지 않는데 김치국 먼저 마신다나 'don't wash your dirty linen in public' 낯선 사람 앞에서 당신 집안의 일을 떠들지 마라 이런 숙어들의 상당수는 잘 알려진 문학텍스트에서 생성되거나 혹은 북아메리가 대륙의 초기 영어 사용자들로부터 유래된 것이다.

어떻게 이 숙어들을 효과적으로 사용할 수 있을까? 먼저 기초 영어문법을 마스터 할 때까지 숙어들을 사용하는 것 자제하는 것이 좋다. 그리고 다양한 종류의 텍스트나 영어를 모국어로 사용하는 사람들로 부터 동일한 혹은 유사한 숙어나 관용구를 접하게 되면, 주어진 전후관계 문맥 속에서 경청하고 그리고 그것의 의미를 완벽하게 파악하는 것이 중요하다. 그리고 그것을 스스로 실재생활에 적용하도록 노력하시오. 만약 여러분이 회화 도중에 적절하게 숙어나 관용구를 사용하여 소통이 이루어진다면, 모국어를 영어로 사용하는 미국인들은 외국인들에게 더 친근감으로 대응할 것이다.

만약에 사람이 항상 문어적이고 그리고 진부한 표현들을 항상 사용하고 그리고 적절한 장소나 때에 따라 숙어나 관용구를 거의 사용하지 않는다면, 사람들은 여러분들을 상상력이 부족하고 그리고 항상 심각한 공적인 인물이라는 평판을 얻을 것이다. 관용구의 중요성은 회화시 효과적인 표현이고 대상 언어에 대한 친밀감을 주고 그리고 살아있는 생생한 표현이다. 더 빈번하게 숙어나 관용구를 구사할 수 있는 능력의 개발은 여러분의 끊임없는 반복과 시간의 투자에서 가능한 것이다.

3 영어와 한국어의 구문론

만약 우리가 텍스트 안에 있는 모든 각각의 단어들의 의미를 이해하고 있음에도 불구하고 텍스트의 의미가 무엇을 의미하고 있는가를 파악하는데 어려움에 봉착하는 경우가 실재한다. 이것은 숙어나 관용구에 대한 정확한 이해가 미미했다는 것을 보여주고 있다.

통사론이란 단어가 결합하여 형성되는 구句·절節·문장의 구조나 기능을 연구하는 문법으로 구문론·문장론이라고도 한다. "전통적으로 문법은 형태론과 통사론으로 양분되어, 형태론은 어형교체를 연구하고, 통사론은 단어의 결합을 연구대상으로 한다고 되어 있으나, 형태론에서 곡용曲用이나 활용活用의 체계를 세우기 위해서는 여러 가지 형태가 문文 가운데서 맡은 기능을 알아야 할 필요가 있고, 단어에도 합성어에는 통사적 관계가 작용하므로 형태론과 통사론 사이에는 밀접한 관계가 있다".

통사론에서는 구성요소간의 의미적 관계가 어떤 형태로 나타날 수 있는가가 중심 문제가 된다. 즉, 단어의 자율성이 강하여 어형의 교체로서 상호간의 의미·문법관계를 표시하는 언어가 있고, 그 관계를 표시하는 기능어전치사·후치사 등를 발달시킨 언어도 있으며, 또한 어순의 역할이 문법관계에 크게 작용하는 언어도 있다. 문장 안에 들어 있는 요소의 기능을 연구하는 것이 통사론이고, 그 문의 단위를 추출하는 작업은 실제의 언어연구에 중요한 문제가 된다. 출처: 두산백과사전

1_ 영어와 한국어의 비교: 주어

영어는 주어가 없으면 정확한 의미전달이 불가능하고 비문법적인 문장이다. 그러나 한국어는 주어가 자유롭게 생략이 될 수 있는 언어이다. 예를 들면, "어디 가니?" 밥 먹었니? 혹은 "학교 다녀오겠습니다."에서와 같이 문장에서 주어가 생략이 되도

얼마든지 소통이 가능한 문장의 구조를 갖고 있다. 하지만 영어는 주어가 없다면 틀린 비문법적인 문장이다. 그런 이유로 'rain'을 영한사전에서 찾아보면 "비가 오다"는 의미가 되지만, 단순히 rain, raining 만으로는 문장이 성립하지 못한다. It rains, It is raining or It will rain 에서와 같이 날씨를 나타내는 "It"이 가주어가 사용되어야만 문법적으로 올바른 문장이 성립된다.

한국어는 동사 하나만으로도 상대방과의 소통과 의미전달이 가능한 언어이다. 그러나 영어에서는 문법적으로 올바른 문장이 성립하기 위해서는 주어가 필수적이므로 중성적이고 불투명한 의미를 가진 주어인 "It"로 대치하고 있다. 영어문법에서는 이런 것을 "날씨"의 "it" 혹은 "시간"의 "it"라고 명명하고 있다.

일반적으로 러시아어나 폴란드어는 동사의 1인칭과 2칭에는 인칭어미가 있기 때문에 주어를 생략하는 것이 통상적이다. 반면에 영어에서는 3인칭 단수 현재형만 인칭어미 -(e)s가 사용되고 있다. 만약에 3인칭 단수 현재형에 주어를 생략한다면, she, he it를 구별할 수 없기 때문에 불가능하다.

2_ 한국어와 영어의 어순 비교

한국어와 영어의 차이는 어디에서 근거하는 것인지에 대한 논의는 구문론에서 찾는다. 일반적으로 사람들은 다른 언어의 어순이 우리말과 유사하면, 한국어가 동일한 언어군으로부터 출발하여 변화한 것이 아닌가 추론할 수 있다. 그러나 대부분의 언어는 주어, 목적어, 동사(S+O+V)의 어순이나 혹은 주어, 동사, 목적어 (S+V+O)의 어순을 갖고 있기 때문에 어순의 동일성이 언어의 역사적인 관련성과는 무관하다고 할 수 있다.

영어에서는 문장의 순서word order가 중요하고 문장 내에서 목적어와 동사의 어순은 언어의 유형적인 구별에 필수적인 요소로 작용한다. 동사, 다음에 목적어가 따라 나오는 어순은 다른 문법적인 특징과도 긴밀한 연관성을 갖고 있기 때문이다. 예를 들면, (S) V+O의 어순을 가진 언어는 일반적으로 전치사를 갖고 있고, 관계대명사를 가지고 있으며, 수식어는 앞이나 뒤에서 자유롭게 놓일 수 있다. 반면, 한국어와 같이 (S) O+V의 어순구성을 가진 언어는 후치사를 가지고 있고 관계대명사는 일반적으로 나타나지 않고, 명사 앞에 분사를 사용하여 수식하는 구조를 갖고, 형용사는 앞에서 명사를 수식한다. 그래서 영어에서는 'something to drink', 'what to do', 'the woman who is smart' 등의 표현이 자유롭게 사용될 수 있는 것은 (V+O)의 어순을 가진 언어의 일반적인 특성인 것이다. 이런 표현은 한국어에서는 '마실 어떤 것', '해야 할 것', '똑똑한 여인' 등으로 그 순서가 영어의 어순과 다르게 표현된다.

3_ 어순Word order과 격표지case marker

영어는 한국어와 달리 동사 앞에 주어를 동사 다음에 목적어를 쓴다. 이 어순은 특별한 이유가 없는 한 지켜지는 것이 원칙이다. 영어는 단어의 형태 변화를 통해서 격을 나타내는 언어가 아니기 때문에 어떤 명사가 문장에서 주어 역할을 담당하는지 혹은 목적어 역할을 하는 지는 어순에 의해서 결정된다.

영어는 한국어와 달리 동사 앞에 주어를 동사 다음에 목적어를 사용한다(S+V+O).

영어: The man loves the woman.
영어: The woman loves the man.

위의 두 문장은 주어와 목적어가 바뀌게 되면 서로 다른 의미가 된다. 영어는 격표지case marker를 가지지 않는 언어이기 때문에 순서가 치환되면, 의미가 달라지게 된다. 영어에서 어순의 중요성은 '수여동사' bring, give, lend, offer, pay, send, sell 등등라고 일컬는 문장에서 쉽게 인지할 수 있다.

예를 들면 a. She gave me a book.
b. She gave a book to me.
c. The teacher asked me a question.
d. The teacher asked a question of me.

두 문장은 동일한 의미를 갖고 있다. me와 a book의 순서가 치환되면 전치사 "to"를 삽입해야한다. 이것은 직접목적어가 간접목적어 앞에 놓일 경우에 어순이 일탈하면서 생긴 'to' 이다. 그리고 수여동사에 따라 각각의 다른 전치사를 사용하는 것은 관용적으로 암기해야 한다.

4_ 영어와 한국어의 비교: 전치사와 후치사

영어에서 전치사는 명사의 관계를 규정한다. 동일한 명사에 전치사가 달라지면 그 의미가 변화한다. 예를 들면, <u>in</u> the room, <u>to</u> the room, <u>from</u> the room, <u>into</u> the room이다. 전치사는 명사 앞에 놓여 명사의 의미를 규정한다. 그러나 한국어에서는 전치사가 쓰이지 않고 후치사가 쓰인다. 후치사는 "뒤에 놓인다"는 의미로 명사 뒤에 놓여서 영어의 전치사와 같은 기능을 수행한다.

전치사와 후치사의 의미의 차이

영어의 전치사와 한국어의 후치사는 그 의미를 한마디로 규정하기 어렵다. 영어의 전치사 'of, to, into, from, on, to' 등의 전치사의 기능을 한국어로는 ' ...의, ...로, ...안으로, ...부터, ...안에, ...향하여' 등의 후치사가 수행한다. 한국어의 후치사의 의미는 정의하기 어려운 것과 같이 영어에서 어떤 전치사를 사용할 것인지는 단순한 문제가 아니다.

한국어의 '영이와', '영이가'의 의미차이를 확실하게 설명하기 힘들듯이 영어의 <u>at</u> the street와 <u>in</u> the street 의 의미차이는 쉽게 설명될 수 없다. 이 시점에서 <u>at</u> the street와 <u>in</u> the street의 어떻게 다를까 정도로 이해하고 난후 암기하고 사용해 봐야 한다.

영어의 전치사는 명사, 동사와 긴밀하게 결합되어 사용된다. 따라서 숙어로 따로 외울 것이 아니라, 한 단어로 외우는 것이 효과적이다. 'apply for', 'apply to'가 '지원하다', '적용된다' 라고 기억하기보다는 'apply for' 전체를 하나의 단어를 암기하는 것이 훨씬 실용적이다. 전치사가 들어있는 모든 표현을 하나씩 의미를 분류하는 것은 의미가 없다. 논리적으로 따지기 어려운 것은 암기하는 것이다.

5_ 영어와 한국어의 구문론적 차이: 대명사

영어에서 동사의 의미만 정확하게 파악한다면, 전체문장의 어떤 형식인지 알 수 있다. 그리고 문장의 나머지 요소는 동사에 의해서 결정된다.

영어의 문장요소 중에서 동사에 가장 많은 문법적 사실이 표현된다. 즉 시제, 진행, 수동, 능동, 분사, 동명사. 부정사 등등 의 모든 정보는 모두 동사에 의해 표시된다. 반면에 명사는 단수와 복수의 차이만 있고, 형용사는 명사를 수식하거나 혹은 서술하는 기능만을 소지하고 있다.

영어는 타언어에 비해 상대적으로 형태적인 변화가 없는 언어군에 속하기 때문에 문장전체의 구조에 문법의 비중이 중요하다. 동사가 영어문법의 구조를 결정하기 때문에 영어에서 동사의 역할이 매우 중요하다.

영어와 한국어의 비교

한국어는 "좋은 어떤 것", "나쁜 어떤 것"을 영어로 표현할 때 왜 'good something' 이 아니고 'something good' 인가? 우리는 영문법에서 -thing 으로 구성된 anything, something, everything은 형용사가 앞에 오지 못하고 위에 놓인다고 배웠을 뿐이다.

영어의 대명사는 앞에서 수식을 받을 수 없다는 것이다. 한국어에서는 대명사, "너, 나, 그들, 이것" 등은 자유롭게 형용사의 수식을 받을 수 있다. 예를 들면, '아름다운 당신', '좋은 어떤 것', '유쾌한 우리들' 등의 표현이 가능하지만, 'beautiful you', 'unhappy I', 'effective this'와 같은 표현을 비문법적이다. 따라서 영어에서 대명사는 앞에서 수식을 받을 수 없다는 것을 알아야한다.

대명사는 명사를 대신하는 것으로, 명사가 문장에서 수행하는 주어, 목적어, 보어, 전치사의 목적어의 역할을 수행한다. 다시 주시할 것은 명사는 자유롭게 앞에서 수식을 받을 수 있지만, 대명사는 수식을 받을 수 없다는 차이가 있다. 인칭대명사, 재귀대명사, 지시대명사, 의문대명사, 관계대명사, 부정대명사는 모든 대명사의 기본적 특성을 지니고 있기 때문에 이 대명사들은 어떠한 경우에도 형용사 또는 형용사에 준하는 표현을 수식 받을 수 없다는 것을 다음의 예문에서 살펴보자.

a) We found <u>nobody</u> a the school.

b) Could you find something useful to do?

c) I must find someone for her to play tennis with.

영어와 한국어의 어순의 차이점이 이미 언급해서 알고 있듯이, (O+V)의 어순을 가진 언어는 앞에서 수식을 하고, (V+O)의 어순을 가진 언어는 앞-뒤에서 수식을 받을 수 있다. 그런데 (V+O) 의 어순의 언어는 기본적으로 뒤에서 수식들 받는 것이 보편적이다. 영어에서 수식이 앞에서 이루어지는 경우는 'very beautiful girl' 매우 아름다운 소녀에서 보듯이 한국어와 어순이 차이가 없다. 영어에서 부사 +형용사 +명사의 수식 구조외에는 없다. 예를 들면, 한국어는 '빨리 달린다.'이지만 영어는 'run fast' 이다. '내가 만나 그 여자는' 영어로 'the woman who I met'이고. '저 쪽에서 연주하는 남자는', 'a boy playing over there'이다. 근본적으로 (O+V)의 어순과 (V+O)의 어순의 차이에서 야기되는 것이다.

6_ 영어와 한국어 시제

시제는 시간의 전후관계를 나타내는 개념이고 상aspect은 사건의 내부를 들여다보는 관점이 반영된 개념이다. '상'이란 어떤 하나의 사건을 늘려 놓음으로써 그 안에 다른 사건을 배열을 볼 수 있는 가능성을 열어준다. 일반적으로 한국어의 '상'은 지속성과 비지속성으로 구별된다. 한국어의 이 '상'적 속성은 사전의 지속 여부에 관심이 있고 '진행'의 여부에는 주목하지 않는다. 따라서 진행상과 비진행상을 구별하는 영어와는 차이가 있다. 영어에서는 진행상을 구별하기 때문에 지속성을 가지는 한국어와는 시제에서 다르다.

이런 차이는 영어에서 '상태동사'State verb 진행시제로 사용할 수 없다. 상태동사군에는 '감정, 인지, 존재, 소유, 지각'동사들이 포함된다. 한국어에서는 위에 나온 동사들에 해당하는 '~ 고 있다' 결합한다.

예를 들면, '사랑하고 있다', '좋아하고 있다', '알고 있다', '보고 있다', '듣고 있다', '느끼고 있다'등이다.

한국어에는 관계대명사가 나타나지 않는 특수한 구조이다. 한국어에서 영어의 관계대명사에 상응하는 표현은 대명사사 아니나 연결어미 '~은, ~는, ~를' 이다. 따라서 관계대명사는 문장이지만, 한국어에서 명사로 해석되지 않는다. 그러나 관계대명사를 해석하고, 계속적 용법으로 파악해 가면 영문해석에 도움이 된다.

7_ 한국어와 영어의 격case은 어떻게 다른가?

한국어의 격은 흔히 조사라고 불리는 어미, 즉 명사 다음에 나오는 '~가, ~는, ~을, ~의, ~에게, ~에게로, ~로' 등으로 표시한다. 반면에 영어에서는 격을 나타내는 어미가 없다. 그러나 영어에도 한국어의 어미와 같이 격을 표시해 주는 조사는 아니지만, 명사의 형태가 변화하여 격을 표시하는 경우가 있다. 그 대표적인 실례가 대명사에 나타난다. 영어의 소유격 'my, your, his, her, its, our, their'이고, 'me, him, her, us, them' 등은 목적격이다. 영어에서 격은 대명사의 경우 주격, 소유격, 목적격이 형태에 의해 표시되지만, 일반 명사에서는 소유격만 구별되어 표시된다.

영어에서 격은 대명사의 경우에도 주격, 소유격, 목적격이 형태에 의해 표시되지만, 일반 명사에서는 소유격만 구별되어 표시된다. 일반 명사, animal's. Kim's 등에 나타나는 '~s'가 소유격을 표시해주고, 주격, 목적격, 여격은 구별 할 수 없다. 평서문에서 동사 앞에 있으면 주격이고 동사 뒤에 있으면 목적격이다.

한국어와 영어에서의 격case 체계에서 나타나는 또 하나의 차이점은 한국어에서는 '~에서, ~에게, ~로' 등 우리가 부사격이라고 부르는 것이 조사에 의해 표시되지만, 영어에서는 전치사에 의해 표시되고 있어서, 부사격 자체가 존재하지 않는다. 다시 말해 한국어에서 처소격 '학교에서' 도구격 '망치로' 공동격 '홍길동과 선녀'에 나타나는 부사격이 영어에는 존재하지 않는다.

한국어에서 소유격을 일반적으로 '~의'로 표시한다. 예를 들면, '홍길동의 책', '나의 책', '그녀의 인형'에서 나타난다. 한국어에서는 자유롭게 모든 명사에서 소유격 '~의'을 붙일 수 있지만, 영어에서는 소유격을 '~s' 사람 또는 동물에만 붙일 수 있다. 나머지 명사의 소유격을 나타내는 전치사는 'of'로 표시된다.(첨가: 일부 내용도 온라인상에 있는 정보들을 재편집한 것임을 밝힌다.)

4 책의 사용법에 대한 Tips

이 책은 영어를 좀 더 유창하게 구사하고자 하는 모든 사람들, 즉 영어가 외국어인 사람들에게 사용할 수 있다. 이 책은 '어휘소 숙어들', '관용구적인 숙어'들 그리고 '속담과 격언의 숙어'들이 포함되어 있다, 비영어권인 사람이 각각의 단어들을 이해하고 있으나 그것을 올바르게 해독하지 못할 때는 그 단어들이 관용구나 숙어로 어떤 특별한 의미를 갖고 있다고 생각해야만 한다.

우선, 비영어권인 사람은 영어문법을 습득 한 이후에 숙어들과 익숙해 질수 있다. 여러분이 숙어나 관용구를 자유롭게 회화나 문서에서 적절하게 해석이 가능하기 위해서는, 그것들을 어떻게 사용해야 하는 지를 배워야한다. 먼저, 여러 번 주의 깊게 이 책의 수록된 내용들을 반복적으로 읽고 공부하고 그리고 암기하시오. 만약 당신이 전문적인 텍스트나, 소설 혹은 신문의 사설 등을 읽어 갈 때, 어떤 표현들을 이해하지 못할 때가 발생할 수 있다. 그렇다면 영한사전을 먼저 참조한 이후에, 그곳에서 필요한 정보를 습득할 수 없다면, 이 책을 활용하시오. 그리고 만약 여러분이 이 책에서 취급되지 않은 숙어적인 표현이나 관용구 혹은 속담이나 격언을 들었다면, 그것을 메모하시오.

'V'는 동사. 'N'은 명사, Adj는 형용사, Adv는 부사, Phr은 관용구을 의미하는 약자를 사용하였다. 알파벳 순서인 A로부터 시작하여 F까지 숙어와 관용구가 나열되어 있다. 이 책에는 '참고'를 제시함으로써 영어권에서 빈번하게 사용되고 있는 특수한 관용구와 숙어의 설명을 보완적으로 설명을 제시함으로써 학생들에게 시간의 절약을 꾀하고 동시에 지루하지 않도록 구성되어 있다.

PART 2

Section A

Section B

Section C

Section D

Section E

Section F

Section A

1. **Abide by. V. To accept and obey; be willing to follow** (약속, 규칙을 지키다. 협정, 결과, 결정에 따르다. 감수하다).

영작: 농구선수는 반칙을 범하지 않았다는 것을 알 수도 있다. 그러나 그는 심판관의 결정을 따라야만 한다.

답:

참조: The player must be willing to follow the referee's decision; he must do as the referee says or he cannot play.

영작: 나는 저 여자에 대해서는 참을 수 없다.

답:

영작: 나는 기다리게 만들면 견딜 수 없다.

답:

2. **A bit. N.**

a) A small amount; some.

영작: 설탕 단지에 설탕이 없다. 당신은 부대에서 약간의 설탕을 발견할 수 있다.

답:

참조: You may find some sugar in the bag.

영작: 만약에 그 공이 창문을 조금 더 세게 쳤다면, 유리창은 깨어졌을 것이다.

답:

참조: The ball nearly broke the window.

b) Often used with Adv.

영작: 이 스웨터는 약간 긁혔다. (이 스웨터는 구멍이 나있다).

답:

참조: This sweater is a little scratchy.

영작: 그녀는 휴가를 위해서 돈을 약간 저축했다.

답:

c) Used like an adjective before <u>less, more</u>

영작: 이양은 약간 덜 더 먹음으로써 그녀는 몸무게를 감량할 수 있었을 것이라고 생각했다

답:

참조: She did not eat as much as usual.

영작: "케이크 조금만 더 먹을래?" "고마워" 조금 더 먹는 것은 괜찮을 거야.

답:

영작: 너의 아버지는 화내시지 않겠니? "아니야, 그는 조금도 걱정하지 않으셔."

답:

참조: He will not be even a little angry.

3. **About one's ears or <u>around one's ears</u>. Adv. Phr. To or into complete collapse, defeat, or ruin.** (계획, 희망 따위가 소용없게(불가능)하게 되어 와해, 실패하다.)

영작: 김군은 대학을 가는 것을 고대했고 그리고 언젠가는 위대한 과학자가 되기를 바랐다. 그러나 그의 아버지가 사망했을 때, 그는 직장을 가져야만 했고, 김군의 꿈들은 완전히 와해되었다.

답:

참조: John's dream of becoming a great scientist was spoiled when he had to leave school.

영작: 그들은 전 세계에 공장들을 세우기로 계획을 세웠다. 그러나 전쟁이 그들의 계획들을 완전히 와해시켰다.

답:

참조: The war ruined their big plans.

4. **<u>About time</u>. N. Phr. Finally, but later than it should have been; at last.** (거의, 대체로).

영작: 어머니는 "메리야" "너는 이제 일어날 시간이다"라고 말했다

답:

참조: Mary got up late, and Mother told her she should have gotten up earlier.

영작: 농구팀이 어제 밤에 승리했다. 승리할 시점이었다.

답:

참조: It has been a long time since the team won a game.

5. <u>About to</u>. Close to, ready to.–Used with an <u>infinitive</u>. (막 ...하려고 하다).

영작: 우리는 눈이 오기 시작했을 때 막 떠나려고 했다.

답:

참조: We were ready to leave when the snow began to fall.

영작: 나는 아직 출발하지 않았으나 나는 방금 떠나려는 중이다.

답:

참조: I am almost ready to go.

6. Above all. Adj, Phr. Of first or higher importance; most especially.(특히)

영작: 아이들은 많은 것들을 필요로 한다, 그러나 무엇보다도(특히) 그들은 사랑을 필요로 하다.

답:

참조: They need love the most.

7. Above suspicion. Adj, Phr. Too good to be suspected; not likely to do wrong. (혐의의 어지가 없이, 아주 공징하여).

영작: 게임의 심판자는 이쪽 편과 저쪽 편을 아주 공정하게 지지해야만 한다.

답:

참조: The umpire must be fair man who would not help one side against the other.

8. According as. Conj.

a) Depending on which; which ever. (..함에 따라서; ...에 응해서).

영작: 당신은 선호하는 것에 따라서 구두시험이나 혹은 필기시험을 치를 수 있다.

답:

참조: Which do you like better, and oral exam or a written exam? You may take the one you like better.

b) Depending on whether; if .

영작: 우리는 날씨가 맑고 흐림에 따라 골프를 칠 수도 있고 집에 머무를 수도 있을 것이다.

답:

참조: If the weather is good, we will play golf, if it rains we will stay home.

9. According to. Prep.

a) So as to match or agree with; so as to be alike in. (...에 따라서 ...에 응해서〈일치하여〉).

영작: 김양의 단어들은 철자에 따라서 발음되었으나 몇 개의 단어들은 그렇지 못했다.

답:

참조: Miss Kim words are pronounced in a way that agrees with their spelling.

영작: 소년들은 키에 따라서 3그룹으로 배치(배열)된다.

답:

참조: The boys in each group were similar in height.

영작: 성경에 의하면, 아담은 최초의 인간이다.

답:

10. Acid head. N. Slang. drug culture: A regular user of LSD on whom the hallucinogenic drug has left a visible effect.

영작: 김군이 그렇게 우스꽝스럽게 행동하는 이유는 그는 상습적인 마약 복용자이기 때문이다.

답:

참조: The reason why he acts funny is that he is a regular user LSD.

11. Across the board. Adv. Phr.

a) So that equal amounts of money are bet on the same horse to win a race, to place second, or third. (전면적으로, 의 전부에 걸쳐)

b) Informal including everyone or all; so that all are included.

영작: 대통령은 전면적으로 세금을 낮추는 것을 원했다.

답:

참조: He wanted the taxes of everyone, reich and poor, to be lowered.

12. Actions speak louder than words. When you do shows your character better and is more important than what you say.–A proverb. (행동이 말보다 더 요란하다)

영작: 김은 나를 도와준다고 약속했으나 이행하지 못했다. 행동이 말보다 더 요란하다.

답:

참조: It is more important for Kim to help than just to promise to help.

13. Act one's age <u>or</u> be one's age. V. Phr. To do the things that people expect someone of your age to do; not act as if you were much younger than you are. (나이에 걸맞게 행동하다).

영작: 김군은 그의 연을 부러뜨렸을 때 울었다. 어머니는 "너는 이제 어리애가 아니다, 나이에 맞게 행동하라고," 말씀하셨다.

답:

참조: Mother told Kim to act like a big boy, not cry like a baby.

14. Act out. V.

a) To show an idea, story, or happening by your looks, talk, and movements. (사건 따위를 몸짓을 섞어가며 이야기하다).

영작: 그는 자신이 독서했던 이야기를 몸짓을 섞어가며 이야기했다.

답:

참조: He tried to tell the story by acting and talking like each person in it.

b) To put into action.

영작: 그의 전 생애를 통하여 그는 자신의 신념들을 행동으로 옮기려고 노력했다.

답:

참조: He tried to do what he believed.

15. Act up. V. Informal. To behave badly; act rudely or impolitely.

(예사롭지 않게 행동하다. 멋대로의 (거친)행동을 하다. 이목을 끄는 행동을 하다).

영작: 집배원이 문으로 오자 개는 날뛰며 짖어대었다.

답:

참조: The dog barked and jumped when the mailman came.

16. Add fuel to the flame. V. Phr. To make a bad matter worse by adding to its causing; spread trouble.(격정을 부추기다)

영작: 김군은 이군에게 화가 났고 그리고 이군은 비웃음으로 그의 화를 부추겼다.

답:

참조: Mr. Kim Ted laughed at Mr. Lee by laughing angrier.

17. Add insult to injury. V. Phr. a) To hurt someone's feelings after doing him harm. (혼내 주고 모욕 까지 주다. ...에게 무례한 짓을 하다).

영작: 그녀는 그와 이미 논쟁을 벌인 이후에 그녀는 그 남자를 쥐새끼라고 불렀고 혼내주고 모욕까지 주었다.

답:

b) To make bad trouble worse.

영작: 우리는 소풍을 떠났다. 먼저, 비가 오기 시작했고, 그 다음에는 설상가상으로 자동차가 고장 났다.

답:

참조: On the way to the picnic we were caught in rain, and then, to make things worse, the car broke down.

18. Add up. V. a) To come to the correct amount.(계산이 맞다)

영작: 계산이 맞지 않았다.

답:

참조: He couldn't add the numbers so as to get the right total.

b) To make sense; be understandable. (이치〈조리〉에 맞다. 이해되다)

영작: 그의 이야기는 이치에 맞지 않았다.

답:

참조: His story didn't make sense.

19. Add up to. V. To make a total of; amount to.(총계 ...이 되다).

영작: 이 계산서(청구서) 총 10달러에 다다랐다.

답:

참조: The bill amounted to $10.

20. A Few. N or Adj. A small number (of people or things); some.

영작: 건조한 날씨가 어머니의 꽃들을 대부분(거의) 죽였다. 그러나 몇 개의 꽃들은 남아있다.

답:

참조: A small number of flowers are still alive.

영작: 어느 누구도 점심(간이식당)에 올 것 이라고 우리는 생각하지 않았다. 그러나 몇 사람이 도착했다.

답:

영작: 3명의 학생들은 좌석들을 갖고 있지 않다: 우리는 몇 개의 의자를 더 필요로 한다.

답:

참조: We need some more chairs.

21. Afraid of one's shadow. Adj. Phr: Scared of small or imaginary things; very easily frightened; nervous. (몹시 놀래다. 제 그림자에 놀래다).

영작: 김양은 밤에 그녀의 집에서 혼자 머무르지 않을 것이다: 그녀는 자신의 그림자에도 놀랜다.

답:

참조: She is afraid of all sorts of little things.

22. After a fashion. Adj, Phr. Not very well or properly; poorly. (어느 징도, 그릭저릭)

영작: 그는 어느 정도(그럭저럭) 테니스를 쳤다.

답:

참조: He knew how to play tennis, but he did not play well.

23. After all. Adj, Phr. As a change in plans; anyway.(결국).

영작: 그는 숙제가 너무 많았기 때문에 그는 파티에 갈수 없을 것이라고 김군은 생각했으나, 그러나 그는 결국에 파티에 갔다.

답:

24. After hours. Adv. or Phr. Not during the regular, or usual time.(정규 업무시간 이후에).

영작: 그 가계는 정규 업무시간 이후에 청소를 했다.

답:

참조: The store was cleaned after the regular closing time.

25. <u>After one's own heart.</u> Adj. Phr. Well liked because of agreeing with your own feelings, interests, and ideas. (마음에 드는, 좋아하는 타입의).

영작: 그는 야구와 그리고 맛있는 음식을 좋아 한다; 그는 내가 좋아하는 타입의 남자이다.

답:

참조: I like him because he likes the same things that I like.

26. After while or in a while. Adv. Later, at some time in the future.

영작: 소년들이 약간의 나무들을 모았고 그리고 잠시 후에 뜨거운 불꽃이 타올랐다.

답:

참조: The boys made a fire and soon had it burning well.

27. Against the grain. Adj. Phr. So as to annoy or trouble, or to cause anger or dislike. (성질에 맞지 않게, 비위에 거슬리게).

영작: 그의 거칠고 난폭한 태도가 나의 비위에 거슬렸다.

답:

참조: His rudeness irritated me.

영작: 그녀의 잡담을 경청해야만 하는 것이 그의 비위에 거슬렸다.

답:

참조: He hated to listen to her meant talk

영작: 그것은 나의 성미에 맞지 않는다.

답:

28. Against time or against the clock. Adj. Phr. a) As a test or speed or time; in order to beat a speed record or time limit. (시간을 다투어, 전속력으로).

영작: 김군은 전속력으로 트랙 주위(둘레)를 질주했다. 왜냐하면 어느 누구도 경쟁할 자가 없었기 때문이었다.

답:

참조: Kim timed himself with a watch to see how fast he could run around the track.

영작: 내 개와 그의 개를 경주시켰다.

답:

b) As fast as possible; so as to do or finish. something before a certain time.

영작: 의사가 부상자를 구출 하기 위하여 사고지점에 가능한 빨리 도착하는 것은 시간과의 싸움이었다.

답:

참조: The doctor had to get there as quickly as possible or the injured man might die.

29. Agree with. V. To have a good effect on; suit. (동의, 일치하다. 음식, 기후가 아무에게 맞다. ...의 성미에 맞다)

영작: 고기 빵은 그의 입맛에 맞지 않았다.

답:

참조: The meat loaf made him sick.

영작: 따스하고, 햇볕이 창창한 날씨는 그에게 적합했고, 그리고 그는 이내 강해지고 그리고 건강해졌다.

답:

참조: It had a good effect on his health.

30. Ahead of. Prep. a) In a position of advantage or power over. (보다 앞서 있다).

영작: 그는 항상 공부를 한다. 왜냐하면 그는 그의 동급생들 보다 앞서는 것을 원했기 때문이다.

답:

참조: He studies hard, because he wants to have the best marks in his college.

b) Earlier than; previous to; before.

영작: 김양은 다른 사람들보다도 앞서서 그녀의 시험을 끝냈다.

답:

참조: Miss Kim finished writing the test before the other students.

31. Ahead of time. Adv. Phr. Before the expected time; early. (약간 시간 보다 빠르게).

영작: 버스가 예정시간보다 약간 일찍 도착했고 김양은 준비하지 못했다.

답:

참조: The bus came early.

32. A la. Prep. In the same way as; like.

영작: 김군은, 프로 야구선수인양 오늘 야구를 했다.

답:

참조: He played so well that people might have thought he was really a professional player.

33. A little. N. or Adj. A small amount of; some. (조금은; 소량의, 조금의, 얼마쯤의).

영작: 이양은 어제 몸이 아팠으나, 그녀는 오늘 조금 나아졌다.

답:

참조: She is better today: She is getting well.

34. A little knowledge is a dangerous thing. (선무당이 사람 잡는다).

35. Alive with. Prep. crowded with; filled with.

영작: 호수는 물고기들로 가득 차 있다.

답:

참조: The lake was filled with fish.

영작: 상점들은 크리스마스 전 토요일에 사람들로 붐빈다.

답:

참조: There were crowds of people in the stores.

36. All along. Adv. Phr. All the time; during the whole time. (〈그동안〉 죽, 내내, 처음부터).

영작: 우리가 승리할 것이라는 것을 나는 처음부터 알고 있었다.

답:

참조: I knew it all the time.

37. All at once. Adv. Phr. At the same time; together. (갑자기, 모두 동시에).

영작: 이군은 피아노를 칠 수 있고 노래할 수 있고 그리고 동시에 오케스트라를 지휘할 수 있다.

답:

참조: He can three things at the same time.

38. All better. Adj. Phr. Fully recovered; all well again; no longer painful. –Usually used to or by children.

영작: "훨씬 더 지금 좋아졌어." 그녀는 소녀에게 끊임없이 반복하였다.

답:

참조: She kept telling the little girl that the pain was all gone away.

39. All but. Adv. Phr. Very nearly; almost.(..을 제외한 전부, 거의)

영작: 까마귀가 농부의 옥수수 밭을 거의 다 망쳐 놓았다.

답:

참조: They ate nearly all the corn.

40. All ears. Adj. Phr. Very eager to hear; very attentive. Used in the predicate. (열심히 귀를 기울이다).

영작: 당신 이야기를 계속 하세요: 우리는 열심히 귀를 기울이고 있습니다.

답:

참조: We are very eager to hear your story.

41. Alley cat. N. a) A stray cat.

b) A person(usually a female) of rather easygoing, or actually loose sexual morals. (도둑고양이, 매춘부).

영작: 당신이 그녀와 데이트하는 것은 어떤 문제도 없을 것이다; 그녀는 상습적인 매춘녀이다.

답:

참조: She will offer you no resistance; she is easy to seduce.

42. All hours. N. Phr. Late or irregular times.

영작: 그는 그의 학교 과제를 끝내기 위하여 밤늦게까지 밤샘했다.

답:

참조: He worked until very late at night.

43. All in all. N. Phr. The person or thing that you love almost. (전부하여, 총계해서, 대체로, 대강 말하자면). (소중한 것, 귀한 것)

영작: 그녀는 그에게 매우 소중한 사람이다.

답:

참조: He loved her more than anything else in the world.

영작: 음악은 그에게 가장 중요한 것이다.

답:

참조: Music was the most important thing in his life.

44. All in all or in all. Adv. Phr. When everything is thought about; in summary; altogether. (전부하여, 총계〈모두〉해서)

영작: 대체로, 즐거운 하루의 선박 여행 이었다.

답:

참조: A few things went wrong, but mostly the day on the boat was pleasant.

45. All kinds of. Adj. Phr. Plenty of.(각종의, 모든〈온갖〉종류의; 다량〈다수〉의)

영작: 김군이 굉장한 갑부라고 사람들은 말한다.

답:

참조: People say he has plenty of money.

영작: 이양이 몸이 아팠을 때, 그녀는 온갖 부류의 동료들을 맞이했다.

답:

참조: Many people came to visit her.

46. All of. Adj. Phr. a) At least the amount or number of; fully; no less than. (전부, 모두, 각기, 충분히, 넉넉히).

영작: 마침내 그들이 출발하기 전은 적어도 10시였다.

답:

참조: It was at least ten o'clock, if not later.

영작: 그녀는 그 모자에 모두 50달러를 지불했을 것이다.

답:

참조: It looks like a very expensive hat.

영작: 그의 키는 충분히 6피트는 된다.

답:

b) Completely in. –Used with a

영작: 강아지는 감기로 완전히 떨고 있었다.

답:

참조: The dog was trembling all over with cold.

47. All over. Adj, Phr. In every part; everywhere. (완전히〈아주〉끝나, 도처에, 온몸에; 온 ...에).

영작: 그는 열이 났고 전신이 쑤신다.

답:

참조: All parts of his body ache.

영작: 나는 나의 안경을 찾기 위하여 사방을 살폈다.

답:

참조: I have looked everywhere.

b) In every way; completely.(모든 점에서, 아주).

영작: 그녀는 그녀 어머니를 꼭 닮았다.

답:

48. Allow for. V. To provide for; leave room for; give a chance to; permit. (고려하다, 참작하다).

영작: 민주주의는 다양하게 많은 의견을 고려한다.

답:

참조: Democracy gives people the opportunity to tell their own opinions.

49. All right for you. Interj. I'm finished with you! That ends it between you and me! (아이들이 싸울 때, 너하고는 안 놀아, 너하고는 끝장이야).

영작: 너하고는 안 놀아! 나는 너하고 더 이상 놀지 않을 거야.

답:

참조: I'm angry with you and I won't play with you any more.

50. All the way or the whole way. Adv. Phr.

a) From start to finish; during the whole distance or time. (내내, 멀리(서)

영작: 김군은 나무의 꼭대기까지 기어 내내 올라갔다

답:

참조: He climbed as high as he could go.

b) In complete agreement; with complete willingness to satisfy.

Used in the phrase <u>go all the way with</u>:

영작: 이군이 김군에 관하여 말한 것을 나는 전적으로 동의한다.

답:

참조: I agree completely.

51. All thumbs. Adj. Awkward, especially with your hands.(손재주가 없다).

영작: 김군은 의자를 고치려고 노력하였다. 그러나 그는 손재주가 없다.

답:

참조: Kim had trouble fixing the chair, because his hands were clumsy.

52. All very well. Adj. All right; very good and correct.(〈반어적〉 정말 좋다〈마는〉

영작: 당신이 불평하는 것은 충분히 일리가 있다. 그러나 당신은 좀 더 잘해볼 수 있지 않을 까요?

답:

참조: It's all right to complain, but cay you do better yourself?

영작: 만약 심양이 우리와 함께 동행 한다면 정말 좋은 일이다. 그러나 그녀가 어떻게 집에 돌아올 수 있을까?

답:

참조: Sim can come with us, but how will she get home again?

53. All wet. Adj. Entirely confused or wrong; mistaken. (전혀 잘못 된 생각, 틀린).

영작: 당신은 내가 야구를 좋아한다고 생각한다면, 당신은 잘못된 것이다.

답:

참조: You are all wrong, if you think I like baseball.

54. Along for the ride. Adv. Phr. Being in a group for fun or the credit without doing any of the work. (소극적으로 가담하여)

영작: 그는 그의 정치적인 정당에서 단지 소극적으로 가담만 하고 있는 어떤 회원들도 원하지 않는다.

답:

참조: He want no members who will not work for the party.

55. Alongside of. Prep. At or along the side of. (나란히, ...에 접하여).

영작: 우리는 강가를 나란히 접하며 걸었다.

답:

참조: We walked near the edge of the river.

56. A lot. N. Very much: A large number or amount; very many or very much.

영작: 김교수의 강의에서 나는 많은 것을 배웠다.

답:

참조: I learned much in Mr. Kim's class.

57. And all that.

a) 그 밖의 여러 가지, ...따위 **(and so forth).**

영작: 그는 시대가 어수선하다는 등 그 밖의 여리 가지를 말했디.

답:

영작: 그는 마약과 그 밖의 여러 가지 약을 복용했다.

답:

58. And all. Whatever goes with it; and all that that means.(상황(흐름)에 몸을 내맡기다. 사태를 감수하다).

영작: 우리는 어린 신생아의 상황을 고려하여 요사이 외출을 많이 하지 않는다.

답:

참조: We stay home because the new baby needs many things done for him.

59. And so forth <u>or</u> and so on. And more of the same kind; and further amounts or things like the ones already.(등등, ...운운)

영작: 의상들은 빨강, 핑크, 파랑, 보라, 노랑 등등 이었다.

답:

참조: The costumes seemed to include every color.

60. Answer for. V. To take responsibility for; assume charge or supervision of. (..대신 대답하다, ...의 책임을 지다, 보증하다;...에 대한 벌을 받다).

영작: 비밀경호(서비스)는 대통령과 그의 가족의 안전에 책임을 져야 한다.

답:

참조: The secret service is responsible for the safety of the President and his family.

영작: 어머니는 누가 케이크를 먹었는지를 발견했을 때, 김군은 그의 비행에 책임을 져야만했다.

답:

참조: Tom was punished.

영작: 사람들은 김군이 돈을 훔쳤다고 생각했을 때, 교장은 김군은 도둑이 아니고, 내가 그를 보증하겠다고 말했다.

답:

참조: When people thought Kim might have stolen the cash, the principal spoke for his honesty.

61. Ants in one's pants. N. Nervous over-activity; restlessness. (...하고 싶어 좀이 쑤시다, (불안해서) 안절부절 못하다).

영작: 제인은 가만히 않아있을 수가 없다; 그녀는 무엇이든지 하고 싶어 좀이 쑤신다.

답:

참조: Jane is a very restless girl. She always likes to do something.

영작: 너는 오늘 안절부절 못하고 있다. 무엇이 잘못됐니?

답:

참조: you are very nervous today. Are you worried about something?

62. A number. N. A rather large number numbers–Used when there are more than several and fewer than many.

영작: 부모님들이 그 프로그램에 참관하기로 초대되었고 그리고 몇몇의 부모님들이 오셨다.

답:

참조: A small crowd of parents came.

영작: 우리는 접이식 의자들을 충분히 설치하지 않았다: 우리는 더 많은 의자들이 필요하다.

답:

참조: We need to set up about a dozen more.

63. Any number. N. A large number; many.(꽤 많이)

영작: 좋은 음식을 먹어야만 하는 이유들이 꽤 많이 있다.

답:

참조: There are many reasons for eating good food.

영작: 그녀는 나에게 여러 가지로 친절함을 보여 주었다.

답:

64. Apart from or aside from. Prep. Beside or besides; in addition to. (...은 별도로 하고, ...은 제외하고).

영작: 재미와 좋은 운동을 제처 두고라도, 수영은 매우 유용한 기술이다.

답:

참조: Besides being fun and good exercise, swimming is a useful skill.

65. Apple of one's eye. N. Phr. something or someone that is adored; a cherished person or object.(매우 소중한 것, 사람(물건)

영작: 김군은 그의 어머니에게 매우 소중한 사람이다.

답:

참조: Mr. Kim's mother loves him more than anything else. She adores him.

영작: 김의 첫 번째 자동차는 그의 가장 소중한 물건이었다. 그는 자동차를 항상 닦았다.

답:

참조: He was very proud of his first car.

66. Apple-pie order. N. Phr. Exact orderly arrangement; neatness; tidy arrangement. (질서 정연한 상태)

영작: 그 집은 질서 정연하게 정돈되어 있었다.

답:

참조: The house was neat and tidy.

영작: 훌륭한 비서 같이, 그녀는 상사의 책상을 말끔하게 유지했다.

답:

참조: The secretary kept her boss's desk orderly and neat.

67. Arm and a leg. N. Slang. Exorbitantly high price that must be paid for something that isn't really worth.(〈물건, 일이〉 큰돈이 들다).

영작: 요사이 뉴욕에서 고급 아파트를 구입하기 위해서는, 당신은 상당한 돈을 지불해야한다.

답:

참조: You have to pay an exorbitant amount to get a decent Apt.

68. Around the clock <u>also</u> the clock around. Adv. Phr. Adv. Phr. For 24 hours a day continuously; all day and all night. (24시간 내내, 쉬지 않고).

영작: 공장은 주문이 완료될 때까지 24시간 내내 가동되었다.

답:

참조: The factory ran for 24 hours a day until it had filled the order.

영작: 그는 그의 역사시험을 위하여 쉬지 않고 공부했다.

답:

참조: He studied all day and all night for his history exam.

69. Around the corner. Adv, Phr. Soon to come or happen; close by; bear at hand. (임박하여, 바로 근처에 (어귀)

영작: 점쟁이는 메리에게 말하기를 모험이 바로 그녀에게 임박했다고 말했다.

답:

참조: The adventure would soon happen.

70. Arm in arm. Adv, Phr. With your arm under or around another person's arm. (서로 팔을 끼고).

영작: 김양과 이양은 서로 팔짱을 끼고 거리를 따라 걸으면서 그들은 함께 웃고 그리고 농담을 하고 있었다.

답:

참조: The Two girls's arms were joined together because they felt close and friendly.

71. As-as. Used with an adj or adv in a comparison or with the effect of a superlative. (앞의 as 는 부사, 뒤의 as는 접속사임) (...와 같은 정도로, 마찬가지로, 부정은 not so ...as 이다).

영작: 김군은 지금 그의 아버지의 키와 거의 비슷할 정도로 크다.

답:

참조: John's height is the same as his father's height.

영작: 어제 내가 행동한 것 같이 오늘 나는 서투르게 행동하지 않았다.

답:

참조: Today I did better than yesterday.

72. As best one can. Adv. Phr. a) As well as you can; by whatever means are available. (될 수 있는 대로 잘, 힘이 닿는 데까지)

영작: 그 소녀의 어머니가 아팠다. 그래서 그녀는 힘이 닿는데까지 저녁을 준비했다.

답:

참조: The girl tired to hard to fix a good dinner, but it was not as good as her mother's dinner.

b) As far as that goes or as far as that is concerned. Adv. Phr. While we are talking about; also; actually.(...에 관한 한)

영작: 당신은 소녀들에 관하여 걱정할 필요가 없다. 이양은 스스로 자신을 돌볼 수가 있고, 그리고 김양은 상당히 독립적이다.

답:

참조: Mary can take care of herself and, actually, Susan can.

영작: 나는 내가 할 수 있는 한 그녀를 최대한으로 위로했다.

답:

영작: 이제 그 일은 되어가는 대로 놔두자.

답:

73. As follows. A List of things that come next; what is listed next.–Followed by a colon. (다음과 같이).(이 구의 follows는 비인칭동사이며, 언제나 –s가 붙음)

영작: 나의 그로서리 리스트는 다음과 같다; 빵, 버터, 고기, 달걀, 설탕 등이다.

답:

74. As for. Prep. In regard to; speaking of; concerning. (..은 어떠냐하면, ...로 말한다면, ...에 관해서는).

영작: 우리는 충분한 빵이 있다. 버터에 관해 말하자면, 우리는 필요이상으로 갖고 있다.

답:

참조: Speaking of butter, we have plenty.

영작: 대부분의 사람들은 여름을 좋아한다. 그러나 나로 말한다면, 나는 겨울을 더 좋아한다.

답:

75. As good as. Adv. Phr. Near the same as; almost. (...에 못지않은; 〈사실상 ...나 매한가지인〉).

영작: 그가 그녀에게 결혼을 약속한 것과 동일한 것이라고 그녀는 주장했다.

답:

참조: She claimed that he talked about marrying and she got the idea that he would marry her.

영작: 그것은 사실상 종료된 것이다.

답:

76. As good as one's word <u>or</u> good as one's word. Adj. Phr. Trustworthy; sure to keep your promise. (약속을 어기지 않는)

영작: 그녀가 약속을 항상 이행한다는 것을 우리는 알고 있었다. 그래서 우리는 그녀를 신임했다.

답:

참조: We knew she was perfectly dependable.

77. Ask for. V. Informal: To make (something bad) likely to happen to you; bring (something bad) upon yourself. (...에 마땅하다).

영작: 그 노동자는 그의 직장을 잃었다. 그러나 그가 여러 번 만취 상태로 직장에 왔으므로 그것은 당연한 결과였다.

답:

참조: The workman brought the loss of his job upon himself.

78. Ask for the moon <u>or</u> cry for the moon. V. Phr: To want something that you cannot reach or have; try for the impossible.(불가능한 것을 요구하다. 무리한 부탁을 하다)

영작: 김군은 그의 어머니에게 오늘 $100를 요구했다. 그는 항상 불가능한 것을 요구한다.

답:

참조: He has a little chance of getting $100 from his mother as he has of getting the moon if he asked for that.

79. As long as or so long as. Conj. Since; because; considering that.(...하는 한(에서는), ...동안은).

영작: 당신이 시내를 가는 한, 당신은 나를 위해 무언가를 해 줄 수 있다.

답:

참조: Since you are going to town, you can do something for me.

80. As luck would have it. Adj. Clause: As it happened; by chance; luckily or unluckily. (운 좋게, 요행〈다행〉히도).

영작: 운이 좋게도, 폭발이 발생했을 때, 어느 누구도 건물 안에 없었다.

답:

참조: Luckily, no one was in the building to be hurt

81. As much. N. The same; exactly that. (...〈와〉 같은 양〈액수〉 만큼).

영작: 나에게 감사하지 말아요. 나는 어느 누구에게도 똑 같이 했을 것입니다.

답:

참조: Don't thank me; I would do the same for anyone.

82. As of. Prep: At or until (a certain time). (**며칠날**〉 현재로; **as of today,** 오늘 현재)

영작: 그가 아직도 미혼이라는 것을 나는 지난 주 까지 알고 있다.

답:

참조: I know that up to last week he was not married.

영작: 지금 현재로는 우리는 김군에 관하여 많은 것을 모른다.

답:

참조: At present we don't know much about Kim.

83. As regards. Prep: Regarding; concerning; about.(..에 관하여〈대하여〉).

영작: 당신은 수술비용에 관하여 걱정할 필요가 없다.

답:

참조: You need not worry about the cost.

84. As the crow flies. Adv. Clause: By the most direct way; along a straight line between two places.(일직선으로)

영작: 다음 도시까지는 일직선으로는 가자면 7마일이다. 그러나 그 길은 산을 돌아가면 10마일이다.

답:

참조: It is seven miles in a perfectly straight line to the next town, but it is ten miles by the road, which curves around the bottom of the mountain.

85. As to. Prep. In connection with; about; regarding.(문장 안에 써서, ...에 관해서, ...에 따라).

영작: 그의 정직성에 관해서는 의심할 여지가 없다.

답:

참조: There is no doubt about his honesty.

영작: 그들은 달걀들을 크기와 색깔에 따라 분류하였다.

답:

참조: They classed the eggs according to size and color.

86. As well. Adv. Phr In addition; also; too; besides.(더욱이, 또한, 게다가, 그 위에)

영작: 그 책은 톨스토이의 저서들과 그리고 또한 그의 삶에 관해서도 언급하고 있다.

답:

참조: It tells about his writings and about his life.

87. As you please: As you like; whatever you like or prefer; as you choose. (좋아하다, 마음에 들다, 하고 싶어 하다).

영작: 당신이 좋아하는 대로 하십시오.

답:

참조: You may do what you want.

영작: 좋을 대로 하시오.

답:

88. At all costs. Adv. Phr. At any expense of time, effort, or money.(어떤 희생을 치르더라도, 꼭)

영작: 결과에 상관없이, 김박사는 어떤 대가를 치르더라도 그의 아들의 시력을 구하려고 시도했다.

답:

참조: He wanted to save his son's eyesight, it did not matter how much time and money he might have to spend.

89. At a loss. Adj. Phr: In a state of uncertainty; without any idea; puzzled. (난처하여, 쩔쩔매어, 어쩔 줄 몰라서).

영작: 훌륭한 세일즈맨은 말을 청산유수로 한다.

답:

참조: He can always think of something to say.

90. At best <u>or</u> at the best. Adj. Phr. Under the best conditions; as the best possibility. (최선의 상태로〈서는〉; 아무리 잘 보아 주어도, 기껏해야).

영작: 기껏해야 우리는 10시 이전에는 뉴욕에 도할 수 없다.

답:

참조: The earliest possible time we can get to New York is ten o'clock.

91. At call. Adj. Phr. Ready or nearby for use, help, or service.(...의 부름에 응하여; 대기하여).

영작: 나라 전 지역을 취급하는 수천 개의 자동차 보험회사 직원들은 고객이 어느 곳을 여행하든지, 보험계약자의 부름에 응해야한다.

답:

참조: Thousands of agents will give service anywhere in the country where the auto insurance policy holder may want to call him.

영작: 개는 부르는 소리에 응답하는 것으로 훈련되어 있었다.

답:

참조: The dog was trained to come when he was ordered to come.

92. At death's door. Adj. Adv, Phr. Very bear death; dying. (빈사 상태에 이르다)

영작: 그는 그의 병환으로 인하여 죽음의 문턱에 있는 것 같이 보였다.

답:

참조: He seemed to be dying from his illness.

93. At ease or at one's ease. Adj or adv. Phr. In comfort; without pain or bother. (편하게, 마음 편히, 자유스럽게; 천천히).

영작: 당신은 치통으로 인하여 고통스럽다.

답:

참조: You can't feel comfortable or free of pain.

영작: 부사관은 그의 군인들에게 군사정렬에서 "쉬어"라고 구령했다.

답:

참조: The men did not have to stand stiffly but could relax when they stood in line.

94. At fault. Adj. Phr. Responsible for an error or failure; to blame.(잘못하여; 당황하여, 어찌할 바를 몰라).

영작: 빨간 신호등에서 정지하지 않은 운전자는 사고 발생 시 어찌할 바를 몰랐다.

답:

참조: The driver who went through the red light was to blame for the accident.

95. At first. Adv. Phr. In the beginning; at the start. (최초에는)

영작: 운전자는 처음에 장애물을 보지 못했다.

답:

참조: He didn't see the danger when he began.

96. At first glance <u>or</u> at first sight. Adv. or Adj. Phr.(첫눈에, 한번 보아서)

영작: 김군은 이양을 파티에서 만났고 그리고 첫눈에 반해 버렸다.

답:

참조: He loved her as soon as he saw her.

97. At heart. Adj. Phr. In spite of appearances; at bottom; in reality.(마음속은, 내심은, 실제로는)

영작: 그의 태도는 거치나 그는 마음속은 친절한 사람이다.

답:

참조: He is a really kind a man in spite of his rough manners.

98. At issue. Adj. Phr. In dispute; to be settled by debate, by vote, or some other contest. (논쟁 중으로〈의〉, 미해결의).

영작: 그의 명성은 공판 중에 논쟁거리였다.

답:

참조: His good name depended on how the trial came out.

99. At it. Adj. Phr. Busily doing something; active. (싸움, 장난을 하고 있다. 사물에 전념(열중)하다).

영작: 성공을 위한 그의 규칙은 그것에 항상 전념하는 것이었다.

답:

참조: His rule for success was to work hard.

영작: 소규모 세탁소를 소유하고 있는 김씨는 밤낮으로 일에만 열중하였다.

답: Kim who owned the little cleaning shop was at it early and late.

참조:

영작: 김은 이웃의 아파트에서 시끄러운 게 부딪치는 소리를 들었다. 이웃집 사람은 다시 싸움

을 벌이고 있었다.

답:

참조: He neighbors were fighting again.

100. At large. Adv. Adj. Phr. Not kept within walls, fences, or boundaries; free. (마음대로, 자유로이, 붙잡히지 않고)

영작: 살인자는 수 주일간 체포되지 않았다.

답:

참조: The killer succeeded in not being caught for weeks.

101. At last also at long last. Adv. Phr. After a long time; finally.(마지막에, 드디어).

영작: 그 소년은 자전거를 드디어 소유할 수 있을 때까지 그는 그의 돈을 저축했다.

답:

참조: He saved his money and after a long time he was able to buy a bicycle.

102. At least. Adv, Phr:. At the smallest guess; no fewer than; no less than. (적어도, 하다못해, 그런대로).

영작: 당신은 적어도 하루에 두 번 이빨을 닦아야 합니다.

답:

참조: It is necessary for you to brush your teeth two times every day and no less.

영작: 그녀는 그녀의 팔을 부러뜨렸다. 그러나 그것은 적어도 그녀가 집필할 때 사용하는 팔은 아니었다.

답:

참조: Luckily, she writes with the arm that is not broken.

103. At leisure. Adj. or Adv. Phr. Not at work; not busy; with free time. (틈이 있어서, 일손이 비어, 실업하여, 천천히, 한가하게).

영작: 당신이 한가할 때, 어느 저녁이라도 우리를 방문해 주세요.

답:

참조: Come and visit us when you have free time.

104. At length. Adj. Phr. In detail; fully.(드디어, 마침내, 장황하게, 오랫동안).

영작: 당신은 그것을 이해하기 위하여 그 주제를 자세하게 공부해야만 한다.

답:

참조: You must study the subject fully to understand it.

영작: 그 교수님은 학생들에게 새 과목을 장황하게 설명하였다.

답:

참조: He explained everything about the new lesson to the students.

105. At liberty. Adv. Adj. Phr: Free to go somewhere or do something; not shut in or stopped.(속박당하지 않고, 자유로)

영작: 미안하지만, 나는 당신의 파티에 한가하게 갈수 없다.

답:

참조: I can not come to your party because I have something else.

영작: 당신은 마음대로 그것을 사용할 수 있다.

답:

106. At loose ends. Adj. Phr: Without a regular job or settled habits; uncertain what to do next; having nothing to do for a while.(미해결인 채, 혼란하여, 직업 없이 빈들빈들 하여).

영작: 혼란한 감정으로 나는 장거리 산보를 갔다.

답:

참조: I didn't know what to do next, so I took a long walk.

영작: 그는 대학을 졸업했으나 그는 아직 직장을 구하지 못했다. 그리하여 그는 직업 없이 빈둥거렸다.

답:

참조: He had finished college but was still looking for work, so he was unsure what he would be doing next.

107. At most <u>or</u> at the most. Adv. Phr. By the largest or most generous guess. (많아도 〈야〉, 기껏해서).

영작: 기껏해야 그것은 사소한 반칙이었다.

답:

참조: It was not a serious wrongdoing.

영작: 그는 기껏해야 15분간 사라졌다.

답:

참조: He had been gone 15 minutes at the most.

108. At odds. Adj. Phr. In conflict or disagreement, opposed.(다툼의, 불화의)

영작: 소년과 소녀는 만난 지 일주일 후에 그들은 결혼을 하였다. 그리고 그들은 금방 종교에 관한 불협화음을 알아 차렸다.

답:

참조: They married too soon after they met, and quickly found that they were in serious disagreement.

109. At one. Adj. Phr. In union or harmony; in agreement or sympathy.(...와 일치(동의)하여).

영작: 그는 사랑을 노래해온 모든 시인들과 일치감을 느꼈다.

답:

참조: He was in close agreement with all the poets of love.

영작: 남편과 아내는 돈을 제외하고는 모든 것에 동의했다.

답:

참조: They agreed about everything but money.

영작: 나는 그 점에서는 당신과 일치한다.

답:

110. At one's door or at one's doorstep. Adj: Very close; very near where you live or work.(집 바로 가까이에, 근처에)

영작: 김군은 매우 운이 좋다. 왜냐하면 그의 집 바로 가까이에 수영장이 있기 때문이다.

답:

참조: The swimming pool is very close to Kim's house.

111. At one's elbow. Adj. Phr. Close beside you; nearby. (바로 곁에)

영작: 메리는 수영 챔피언이 되기 위하여 수년간 연습하였다. 그리고 그녀의 어머니가 그녀

를 돕기 위하여 항상 그녀 바로 곁에 계셨다.

답:

참조: Mary's mother stayed near her while she practiced, to help her.

112. At one's fingertips. Adj. Phr. a) Within easy reach; quickly touched; nearby. (즉시 이용할 수 있다).

영작: 그는 즉시 사용할 수 있는 몇 개의 언어들을 통달하고 있었다

답:

참조: He could speak and write several languages easily.

영작: 그는 즉시 이용할 수 있는 그 기계의 총체적인 디자인을 소지하고 있었다.

답:

참조:He was thoroughly familiar with the plan of the machine.

113. At one's heels. Adj. Phr. Close behind; as a constant follower or companion. (아무의 바로 뒤를 따라서).

영작: 불운이 그의 전생에 걸쳐 그의 뒤를 따라 다녔다.

답:

참조: He had bad luck all his life.

114. At one's wit's end. Adj, Phr. Having no ideas as to how to meet a difficulty or solve a problem; feeling puzzled after having used up all of your ideas.(곤경에 빠져, 어찌 해야 할 지 난감하여)

영작: 그는 도움을 청하기 위하여 모든 친구와 지인들에게 접근했다. 그리고 지금 그는 어찌 할지 난감하였다.

답:

참조: He had asked everyone he could think of for help, and now he was unable to think what to do next.

115. At random. Adv. Phr. With no order, plan or purpose; in a mixed-up. (되는 대로, 닥치는 대로)

영작: 그는 편지들을 닥치는 대로 열었다.

답:

참조: He opened the letters in no regular order.

116. At sea. Adj. Phr. Not knowing what to do; bewildered; confused.(어찌 할 바를 몰라).

영작: 이 일은 그에게 낯설었고 그리고 몇일 동안 그는 어찌할 바를 몰랐다.

답:

참조: The job was strange at first, and it took him a few days he knew how to do it.

117. At ___ stage of the game. Adv. At(some) time during an activity; at (some) point. (이 단계에서).

영작: 이 단계의 경기에서 어떤 일이 발생할 지 예측하기 어렵다.

답:

참조: It's hard to guess what will happen at this point.

영작: 게임의 그 단계에서, 우리 팀은 너무나 서투르게 게임했기 때문에 우리는 포기할 준비가 되어있었다.

답:

참조: At that time during the game, we were ready to give up.

118. At stake. Adj. Phr. Depending, like a bet, on the outcome of something uncertain; in a position to be lost or gained. (문제가 되어, 위태로워져서, 돈 ~~목숨~~ 운명이 걸리어)

영작: 그 팀은 열심히 경기를 펼쳤다. 왜냐하면 그 주의 우승이 위태로웠기 때문이었다.

답:

참조: The team could win or lose the state championship. It depended on the outcome of the game.

영작: 농부들은 도시에 있는 사람들보다 비에 더 한층 걱정하였다. 왜냐하면 그들은 비에 운명이 더 많이 걸려 있기 때문이었다.

답:

참조: The farmers would lose more than city people if there is no rain.

119. At the drop of a hat. Adj. Phr. Without waiting; immediately; promptly. (신호가 있으면, 즉시)

영작: 만약 당신이 당장 베이비시터가 필요하다면, 이양에게 전화해라. 왜냐하면 그녀는 즉시 올수 있기 때문이다.

답:

참조: She needs almost on time to get ready.

120. At the mercy <u>or</u> at one's mercy. Adj. Phr. In the power of; subject to the will and wished of; without defense against. (...의 마음대로 되어, ...에 좌우되어)

영작: 소풍은 날씨에 좌우되었다.

답:

참조: The picnic was at the mercy of the weather.

121. At the table <u>or</u> at table. Adj. Phr, At a meal; at the dinner table.(식사 중에, 식탁에 앉아있는)

영작: 그들이 모두 식사 중에 전화벨 소리가 울렸다.

답:

참조: They were at dinner when the telephone rang.

122. At the tip of one's tongue or on the tip of one's tongue. Av. Phr. Informal. Almost spoken; at the point of being said.(...말이 목구멍까지 나와)

영작: 전화벨이 울렸을 때, 그에게 말하려는 말이 나의 목구멍에서 맴돌았다.

답:

참조: It was just starting to tell him, the telephone rang.

영작: 나의 목구멍에서 나는 그의 이름이 맴돌았다.

답:

참조: I can almost remember his name.

영작: 그것은 혓 끝에서 맴돌았고, 나는 그것을 정확하게 생각해 낼 수 없었다.

답:

123. At this rate <u>or</u> at that rate. Adj. Phr. At a speed like this or that; with progress like this or that.(그런, 이런 꼴로는, 상태로는)

영작: 만약 김군이 이런 속도로 계속 간다면, 그는 잔디 깎는 것을 결코 끝내지 못할 것이라고 김군의 아버지가 말했다.

답:

참조: If Mr. Kim cut the grass as slowly as he was, it would take him a very long time.

124. At will. Adj. Phr. As you like; as you please or choose freely.(뜻대로, 마음 내키는 대로).

영작: 김은 이웃동네에서 마음대로 돌아다니도록 허용되었다.

답:

참조: He is permitted to go where he please in his own neighborhood.

영작: 에어 컨디션과 더불어, 당신은 쾌적한 온도를 마음대로 즐길 수 있다.

답:

참조: You can be cool if you have an air conditioner.

125. Have ax to grind. N. Phr. Something to gain for yourself; selfish person. (속 배포가 있다, 마음속에 딴 속셈〈마음〉이 있다).

영작: 이군이 그의 숙제를 심군으로 부터 복사하는 것을 보았다고 김군이 선생님께 말했다. 김군은 이기적인 사람이었다.

답:

참조: Kim had a selfish reason for doing it.

Section B

1. **Babe in the woods. N. Phr. A person who is inexperienced or innocent in certain things.** (잘 속는 사람, 봉).
영작: 그는 훌륭한 운전사이다. 그러나 정비공(정비사)으로는 그는 단 초년생일 뿐이다.
답:
참조: He can drive, but he knows so little about the car that he can't fix it if anything goes wrong.

2. **Back and forth. Adj. Backwards and forwards.** (왔다갔다, 앞뒤로)
영작: 의자는 앞뒤로 흔들린다.
답:
참조: The chair rocks backward and then forward.

3. **Back down <u>or</u> back off. V. To give up a claim; not follow up a threat.** (뒤로 물러나다, 취소하다, 물러서다)
영작: 김군은 이군을 때릴 수 있었다고 공언했다. 그러나 이군이 그의 주먹을 불끈 쥐었을 때 빌은 뒤로 물러났다.
답:
참조: Bill was not brave enough to fight.
영작: 김군은 조군이 그의 책을 가져갔다고 주장했으나, 선생님이 조군과 이야기 했을 때 김군은 한발 뒤로 물러섰다.
답:
참조: Kim gave up and confessed that Joe had not taken his book.

4. Back of <u>or</u> in the back of. Prep. In or at the rear of; to the back of; behind.(...의 뒤에, 뒤에, ...의 배후에; ...을 후원하여).

영작: 집의 차고는 뒤편에 위치하고 있다.

답:

참조: The garage stands behind the house.

b) Being a cause or reason for; causing.

영작: 그의 근면성은 성공의 근원이다.

답:

참조: Hard work was the reason he succeeded.

영작: 교장은 고장의 원인을 버스에서 찾아내려고 노력했다.

답:

참조: The principal wanted to learn the cause of the trouble.

c) in support or encouragement of ; helping.

영작: 김군은 당선될 것이다. 왜냐하면 많은 힘 있는 사람들이 그를 지지하고 있기 때문이다.

답:

참조: Powerful men support Kim.

5. Back out. V. To fail to keep a promise; get out of an agreement.(계약–약속을 깨다, 취소하다).

영작: 그녀는 자신의 약혼을 파기했다.

답:

참조: She had promised to marry him, but broke her promise.

영작: 그는 대출로 그를 돕겠다고 동의했으나, 취소했다.

답:

참조: He agreed to lend him money, but changed his mind.

6. Back seat driver. N. A boss person in a car who always tells the driver what to do.(자동차의 객석에서 운전 지시를 하는 사람; 밑의 지위에 있으면서 지배하는 사람, 오지랖 넓은 사람.)

영작: 자동차를 몰던 그 남자는 이래라 저래라 운전을 지시하는 사람에게 화가 나기 시작했다.

답:

참조: The driver became angry with the bossy passenger.

7. Back to the salt mines. Back to the job; back to work; back to work that is as hard or as unpleasant as working in a salt mine would be. An overworked phrase. (진저리 나는 일로 돌아가다〈한때 쉬었다가〉).

영작: 점심시간이 끝났다, 애들아. 다시 일로 되돌아가라!

답:

8. Back to the wall <u>or</u> back against the wall. Adj. Phr. In a trap; with no way to escape; in bad trouble.(궁지에 몰리어)

영작: 그는 파산했고 그리고 어떤 도움도 갖지 못했다; 그는 궁지에 몰려 있었다.

답:

참조: He owed money and could not get help; he was in bad trouble.

9. Back up. V. a) To move backwards.(...을 후퇴시키다).

영작: 기차는 후진하고 있었다.

답:

참조: It was moving back.

b) To help or be ready to help; stay behind to help.(..을 후원하다)

영작: 김군은 보이스카우드에 가담했고 그리고 그의 이미지는 그를 후원하고 있디.

답:

영작: 김군은 무슨 일이 발생했었는지를 우리에게 말했고 그리고 이군은 김군을 지지했다.

답:

참조: Lee agreed that Kim's account was correct.

영작: 교통량은 3마일이나 정체되어 있다.

답:

10. **Backward and forward <u>or</u> backwards and forwards. Adj. Phr. To the full extent; in all details; thoroughly; completely.**(앞뒤로, 왔다갔다; 여기저기〈에〉; 완전히, 죄다; 횡설수설하여).
영작: 그는 자동차 엔진을 철저하게 파악하였다.
답:
참조: He knew everything about automobile mechanics.

11. **Bad mouth (someone). Slang. V. To say uncomplimentary or libelous things about someone; deliberately damage another's reputation.** (끈질기게 혹평하다. 욕하다, 헐뜯다).
영작: 사람들을 혹평하는 것은 좋은일이 아니다.
답:
참조: It isn't nice to make disparaging remarks about others.

12. **Bad paper. N. Slang. A check for which there are no funds in the bank.** (부도수표, 위조지폐)
영작: 너 왜 그렇게 화가 났니? — 나는 부도수표 몇 개를 지급 받았다.
답:
참조: I was given a check that bounced, or a counterfeit bank-note.

13. **Bail out. V. To secure release from prison until trail by leaving or promising money or property for a while.**(보증인이 보석을 받게 하다) (자금 지원으로 구제하다. 계획 따위를 중지한다).
영작: 대학생들이 경찰들과 분란을 일으킬 때, 대학의 학장은 항상 그들의 보석을 받아냈다.
답:
참조: He would promise to have them return for trial or pay money himself.

14. **Ball game. N. Informal. The entire matter at hand; the whole situation; the entire contest.**(전적으로 새로운 상황, 상태)
영작: 우리가 그 집을 상대로 두 번째 융자를 얻을 수 있다고 당신이 말했습니까? 대단하군요. 그것은 사실상 기대하지 않은 상황입니다.
답:

참조: Getting the loan changes the situation entirely our favor.

15. Banana oil. N. Slang. Flattery that is an obvious exaggeration.(아첨, 실없는 소리)

영작: 실없는 소리 그만해; 너의 아부는 더 이상 나에게 먹혀들어가지 않아.

답:

참조: Stop flattering me so exaggeratedly; it has no effect on me.

16. Bang-up. Adj. Very successful; very good; splendid; excellent.(딱 들어맞는, 굉장히)

영작: 축구 코치는 이번 시즌에서 굉장한 업적을 달성했다.

답:

참조: The coach led team through a fine season of games.

영작: 김군은 그 집에 페인트칠을 훌륭하게 해냈다.

답:

참조: Kim did a very good painting job.

17. Bank on. V. To defend on; put one's trust in; rely on. (믿다, 기대하다, 의지하다)

영작: 만약 그가 더러운 일을 일단 증명만 할 수 있다면, 그는 대중의 분노에 상황을 변화시킬 수 있다는 것을 알고 있었다.

답:

참조: He knew he could rely on public anger to cleam up the mess, if he could get them started by showing the dishonesty.

18. Bargain for <u>or</u> bargain on. V. To be ready for; expect.(..을 기대하다, 의지하다)(받아들일 용의가 있다). (More than 을 수반)

영작: 김군이 나이 어린 소년과 싸움을 시작했을 때, 그가 예상했던 것 이상으로 그 소년은 더 잘 싸웠다.

답:

참조: The smaller boy surprised John by giving him a fight.

영작: 집을 건설하는데 드는 최종비용은 그들이 예상했던 것보다 훨씬 더 많이 지불되었다.

답:

참조: It cost more than they had expected to pay when they began.

19. Basket case. N. A helpless person who is unable to take care of himself, as if carried around in a basket by others.(완전 무능력자). (몹시 초초해 하는 사람).

영작: 금주하시오, 그렇지 않으면 당신은 완전 무능력자로 전락할 것이다.

답:

참조: If you don't stop drinking you will become entirely helpless as if suffering from a terminal disease.

20. Bat an eye or bat an eyelash. V. Phr. To show surprise, fear, or interest; show your feelings. (눈을 깜박이다)

영작: 내가 자동차의 가격을 말했을 때, 그는 눈동자 하나 깜박이지 않았다.

답:

참조: He was not surprised or upset at the price.

영작: 비록 그것에 관한 어떤 언급도 진실이 아니었으나, 김군은 눈동자 하나 깜박이지 않고 그의 이야기를 했다.

답:

참조: He told his story which he knew was not true, but he was calm and did not show any embarrassment.

21. Bawl out. V. To reprove in a loud or rough voice; rebuke sharply; scold. (호통치다, 외치다, 소리치다)

영작: 선생님은 우리에게 과제물을 제출하지 않는다고 호통치셨다.

답:

참조: The teacher gave us a loud scolding.

22. Beach bunny. N. An attractive girl seen on beaches-mostly to show off her figure; one who get into the water.(해안에서 비키니 차림을 과시하고 있는 여자)

23. Bear out. V. To show to be right; prove; support.(남의 의견 따위를 지지하다, 신술 따위를 확인하다. 증명, 입증하다)

영작: 현대의 발견물들은 지구가 평평하다는 낡은 신념을 입증하지 않는다.

답:

참조: New facts do not support the old belief that the earth is flat.

24. Bear up. V. To hold up; carry; support. (무게 물건을 지탱하다)

영작: 낡은 다리는 더 이상 그 자체의 무게를 지탱할 수 없었다.

답:

참조: The old bridge is hardly strong enough to hold itself up any more.

b) To keep up one's courage or strength; last.(참고 계속 노력하다, 낙심하지 않다).

영작: 그녀는 장례식장에서 잘 견뎌 냈다.

답:

참조: She was brave and calm at the funeral.

25. Beat about the bush <u>or</u> beat around the bush. V. Phr. To talk about things without giving a clear answer; avoid the question or the answer.(넌지시 떠보다, 에두르다, 변죽 올리다, 요점을 말하지 않다)

영작: 그는 요점을 언급하지 않은 채 반시간 동안 넌지시 떠보았다.

답:

참조: He talked around the question, missing the point.

영작: 그는 '예스' 혹은 '노'라고 대답하지 않고 변죽만 올렸다.

답:

참조: He talked about other things but did not really answer.

26. Beat down. V.

a) To crush or break the spirit of ; win over; conquer.(타도하다, 쓸어 뜨리다, 낙담(실망)시키다.)

영작: 그들의 모든 방어망들은 탱크에 의하여 타도되었다.

답:

참조: Their defenses were completely were rushed by the tanks.

b) To try to get reduced.(값을 깎다)

영작: 가격을 좀 더 깎을 수 있겠습니까?

답:

참조: Can we get a lower price and save money?

27. Beat it. V. To go away in a hurry; get out quickly.(급히 떠나다, 나가다; 달아나다, 내빼다).

영작: 그가 굉음을 들었을 때, 그가 최대한으로 재빨리 달아났다.

답:

참조: He ran away as fast as he could.

28. Beat into one's head. V. To teach by telling again and again; repeat often; drill. (...을 주입시키다)

영작: 김군은 게으르고 고집이 세다. 김군의 수업은 그의 머릿속에 반복적으로 주입시켜야만 한다.

답:

참조: His teacher has to be cross and tell him often.

영작: 그가 집안에서 모자를 벗어야 한다는 것을 나는 그의 머릿속에 주입시킬 수 없다.

답:

참조: I have told him often and punished him, but he still wears his hat in the house.

29. Beat one's brains out or beat one's brains. V. To try very hard to understand or think out something difficult. (머리를 짜내(게)하다; 열심히 일하다).

영작: 그것은 그에게 너무 어려웠고 그리고 그는 해답을 구하기 위하여 머리를 짜냈다.

답:

참조: He tried very hard to understand.

30. Beat one's head against a wall. V. Phr. To struggle uselessly against something that can't be beaten or helped; not succeed after trying very hard. (불가능한 일을 시도하다)

영작: 그의 마음을 변화시키려고 그에게 노력하는 것은 당신이 단지 불가능한 일을 시도하는 것이다.

답:

참조: He is so stubborn that it is hopeless to try to persuade

31. Beat up. V. To give a hard beating to; hit hard and much. (기습하다, 놀라게 하다, 막 때리다, 괴롭히다)

영작: "만약에 네가 다시 이곳에서 얼쩡거리면, 너를 두들겨 팰 것이다." 라고 불량배가 김군에게 말했다.

답:

참조: The boy warned Kim not to come there again or he would beat him.

32. Beauty sleep. N. A nap or rest taken to improve the appearance.(마음과 건강을 위한다는) 초저녁잠.

영작: 그녀는 파티 전에 초저녁잠을 잤다.

답:

참조: She took a nap before the party, so that she would look fresh and not tired.

33. Become of. V. T o be the end of; be later or final condition: happen to; befall. (의문사 what 을 주어로 하여 ...이 어떻게 되다)

영작: 학교 근처에(옆에) 살았던 그 노인은 어떻게 되었습니까?

답:

참조: What happened to the old man?

영작: 그는 어찌 되었을까, 어디 갔을까?

답:

34. Bed of roses. N. Phr. A pleasant easy place, job, or position.(안락한 환경)

영작: 9개월간의 학교생활 이후에, 여름 캠프는 안락한 천국같았다.

답:

참조: School was a time of hard study, but summer camp was easy.

35. Beef up. V. To make stronger by adding men or equipment; make more powerful; reinforce.(강화〈보강〉하다, ...에 큰돈을 들이다)

영작: 장군은 그의 군대를 더 많은 총들과 탱크들로 강화시켰다.

답:

참조: He got more guns and takes to strengthen his army.

36. Beg off. V. To ask to be excused.(핑계를 얻어 거절하다)

영작: 아버지는 김군에게 뒤뜰을 갈퀴로 긁으라고 말했다. 그러나 그는 핑계를 들어 거절하려고 했다.

답:

참조: Tom tried to get his father to excuse him.

영작: 그녀는 점심초대에 응했으나, 그녀는 두통 때문에 거절할 수밖에 없었다.

답:

참조: She asked to be excused from the luncheon.

37. Behind bars. Adv. Phr. In jail; in prison.(옥에 갇혀, 옥중에서)

영작: 그는 소매치기였고 그리고 그는 많은 세월을 감옥에서 보냈다.

답:

참조: He had spent many years in prison.

영작: 그 남자는 항상 분란을 일으켰고, 그리고 그는 결국에는 감옥살이를 할 것이다.

답:

참조: He may get in bad trouble and be put in jail.

38. Behind one's back. Adv. Phr. When one is absent; without one's knowledge or consent; in a dishonest way. (아무도 없는 데서, 뒤에서)

영작: 그가 부재중이 아닌, 그의 면전에서 그것을 말하시오.

답:

참조: Say it openly. Do not say one thing when he is here, and another when he is gone.

영작: 그가 없는 곳에서 비판하는 것은 올바른 것이 아니다.

답:

참조: It is better to tell him what he does wrong.

39. Behind the eight-ball. Adj. Phr; In a difficult position; in trouble.(위험, 불리한 입장에서)

영작: 박씨는 연로한 사람이다. 그리고 그가 직장을 잃어 버렸을 때 그는 불리한 입장이라는 것을 알아차렸다.

답:

참조: He found it hard to get another job at his age.

40. Behind the scenes. Adv. Out of sight. unknown to most people, privately. (막후에서, 이면 사정에 밝아, 남몰래)

영작: 김군은 클럽의 회장이나, 막후에서 이군은 그에게 무엇을 해야 하는 지를 지시했다.

답:

참조: People thought John made the decisions, but really Lee did.

41. Behind the times. Adv. Phr.Using things not in style; still following old ways.(시대에 뒤져서) (시대에 앞서서: ahead of the times)

영작: 김씨의 상점은 시대에 뒤져있다.

답:

참조: The store is old-fashioned.

42. Behind time. Adv, or Adj. Phr. Behind the correct time; slow.(정각보다 늦어서, 지각하여)

영작: 저 시계는 느리다.

답:

참조: The clock is wrong. It is slow.

43. Be-in. N. Gathering, a social occasion. often held at some public place in the open. (공원 등에서의 히피족의 모임; 우연히 모이는 일)

영작: 우리는 우연한 모임을 공원에서 징말 재미있게 보냈다.

답:

참조: We had a good time at the open gathering in the park.

44. Believe one's ears. V. Phr. To believe what one hears.(들은 것을 그대로 정말이라고 믿다)

영작: 정말 그가 오니? 나는 사실이라고 믿을 수 없다.

답:

참조: Are you sure he is coming? It is surprising!

45. Belt out. V. To sing with rough rhythm and strength: shout out.(힘차게 노래(연주)하다)

영작: 그녀는 저녁 내내 발라드와 노래들을 번갈아 가면서 힘차게 노래했다.

답:

참조: She shouted out simple rhythmic songs all evening.

46. Bent on <u>or</u> bent upon. Very decided, determined, or set. (열중한, 결심한)

영작: 학생들은 즐거운 시간을 보내려고 열중하였다.

답:

참조: They had only one purpose, to have a good time.

영작: 버스가 지체했고 그리고 운전기사는 정시에 학교에 도착하려고 최선을 다했다.

답:

참조: The driver was determined to go fast and get to the school before classes started.

47. Beside oneself. Adj. Phr. Very much excited; somewhat crazy.(제 정신을 잃고, 흥분하여)

영작: 그녀는 두려움으로 제정신을 잃었다.

답:

참조: She was so afraid that she did not know what to do.

영작: 그는 제정신이 아니었고, 그는 매우 화가 났다.

답:

참조: He was terribly angry.

영작: 아내가 남편의 사망소식을 들었을 때, 그녀는 제정신이 아니었다.

답:

참조: The news of her husband's death shocked and almost crazed her.

48. Beside the point <u>or</u> beside the question. Adj or Adv. Phr. Off the subject; about something different.(요점을 벗어나, 예상이 어긋나)

영작: 재판관은 증인에게 그의 소견은 요점을 벗어났다고 말했다.

답:

참조: His remarks had nothing to do with the case.

49. Best bib and tucker <u>or</u> Sunday best or Sunday go-to-meeting clothes. N. Phr. (나들이옷을 입고)

영작: 그녀는 최상의 옷으로 치장한 채 파티에 갔고 그리고 그것은 소년들에게 크게 호평을 받았다.

답:

참조: She wore her best clothes.

50. Better late than never: It is better to come or do something late than never. (늦어도 안 하느니보단 낫다)

영작: 소방원이 절반 이상 그 집이 타버렸을 때까지 그곳에 도착하지 않았다. 그러나 도착하지 않은 것 보다는 바람직했다.

답:

참조: If the fireman did not come at all, the fire would have burned all of the house.

51. Between life and death. Adj. Phr. In danger of dying or being killed. (삶과 죽음의 사이에)

영작: 그는 그의 친구들이 도움을 요청하러 간 사이 삶과 죽음의 사이라는 산자락에 매달려있었다.

답:

참조: He was In danger of falling to his death.

52. Beyond measure. Adj. Adv. Phr. So much that it can not be measured or figured; without any limits.(지나치게, 대단히)

영작: 그녀의 부모님들이 재결합과 더불어 그리고 그녀의 졸업식에 참석 때문에 그녀는 말할 수 없을 정도로 행복하였다.

답:

참조: She was very happy.

53. Beyond question. Adj. Phr. Not in doubt; certain; sure.(틀림없이, 확실히)

영작: 김군이 말한 어떤 것이든 사람들은 항상 신임한다; 그의 정직성은 의문의 여지가 없다.

답;

참조: Everyone believes Kim ; they know that he is honest; no one doubts that he is honest.

54. Bide one's time. V. Phr. To await an opportunity; wait patiently until your chance comes. (때를 기다리다)

영작: 이군은 깊게 상처를 받았다. 그리고 그는 복수를 위하여 때를 기다렸다.

답:

참조: Lee was hurt deeply, and he waited for an opportunity to get even.

55. Bid fair to do. V. Literary; To seem likely; promise.(가망이 있다, ...할 것 같다)

영작: 그는 대중적인 작가가 될 가망이 있다.

답:

참조: He is likely to be generally liked.

영작: 날씨는 점차 좋아질 것 같다.

답:

56. Big as life <u>or</u> large as life. Adj. Phr. or life-size. The same size as the living person or thing.(실물 크기의, 등신대의).

영작: 제퍼슨의 동상은 그의 실물 크기와 같다.

답:

참조: It was the same size as Jefferson himself was.

영작: 스크린의 등장인물들은 실물 크기였다.

답:

참조: The screen was so big that the actors were full size

57. Big cheese <u>or</u> big gun, or big shot or big wig. N. (유력〈실력〉자, 중요 인물, 고급 장교; 중요한 사물).

영작: 김군은 고등학교에서 중요한 인물이었다.

답:

참조: Mr. Kiml had been a leader in student affair.

영작: 심양은 클럽에서 중요 인물이 되기를 원했다.

답:

참조: Sim wanted to be the most important member of her club.

58. Big frog in a small pond. N. Phr.An important person in a small place or position.(우물 안의 개구리, 작은 집단속의 큰 인물)

영작: 회사의 사장으로, 그는 대단한 인물이었다. 그러나 그는 워싱턴에서 신임 국회의원으로는 그렇게 중요한 사람이 아니었다.

답:

참조: As company president in a small company he was respected and honored, but In Washington the other congressmen did not know or honor him.

59. Big head. N. or Too high an opinion of your own ability or importance; conceit. (우두머리, 자부심; 자만하는 사람)

영작: 김군이 그 팀의 주장으로 선출되었을 때, 그것은 그에게 자부심을 심어 주었다.

답:

참조: He became conceited. He was full of his own importance.

60. Big time. N. A very enjoyable time at party or other pleasurable gathering. (최고 수준, 최고의, 대 사업가, 거물급 인사; 메이저리그 선수, 일류 배우(인물)

영작: 나는 지난밤에 클럽에서 최고의 시간을 확실히 보냈다.

답:

참조: I certainly enjoyed myself at the party.

영작: 많은 젊은 배우들이 할리우드로 진출하나 그들 중 소수만이 일류 배우가 된다.

답:

참조: It is hard to succeed in becoming a movie star.

61. Bird in the hand is worth two in the bush. (수중의 한 마리 새가 숲속의 두 마리 보다 낫다)

62. Birds and bees. N. Phr. The truth we should know about sex, birth, and life.(아이들의 성교육, 새와 꿀벌을 예로 드는 데서)

영작: 아이들이 적정한 나이에 이르면, 그들의 부모님들은 아이들의 성교육과 아기들이 어디

로부터 나오는 지에 관하여 이야기할 것이다.

답:

참조: When child is old enough to understand, he will be told about sex and birth.

63. Birds of a feather flock together: People who are alike often become friends or are together. (비슷한 또래, 동류)

영작: 불량소년들과 친구하지 마라. 사람들은 끼리끼리 논다고 생각한다.

답:

참조: If you are friends with bad boys and people see you with them often, they will think that you are bad, too.

64. Bite off more than one can chew. V. Phr. To try to do more than you can; be too confident of your ability. (힘에 겨운 일을 하려고 하다)

영작: 그가 논문을 혼자 편집하는 것을 승인했을 때 그는 자신의 능력보다 과다한 결정을 하였다.

답:

참조: He took on a job that was too hard for him when he agreed to edit the paper without help.

65. Bite the hand that feeds one. V. Phr. To turn against or hurt a helper or supporter; repay kindness with wrong. (은혜를 원수로 갚다)

영작: 그가 그의 고용주에 관하여 불평했을 때 그는 그의 은혜를 원수로 갚았다.

답:

참조: He was injuring the man he was dependent on when he made the complaint.

66. Bitter pill. N. Something and hard to accept; disappointment. (하지 않으면 안 될 싫은 것(일)

영작: 김군은 파티에 초대받지 못했다. 그것은 그에게 매우 수긍하기 힘들었다.

답:

참조: He felt bad about not being invited.

67. Blank check. N.

a) A bank check written to a person who can't write in how much money he wants.

(백지 수표, 무제한의 권한, 자유 행동권)

영작: 김군의 아버지는 학교 공과금을 지불하기 위하여 그에게 백지 수표를 보냈다.

답:

참조: His father signed it and Mr. Kim could write the amount himself.

b) Permission to another person to do anything he decides to do.

영작: 교수는 학생들에게 소풍에 관한 계획에 관한 무제한의 권한을 부여했다.

답:

참조: He told them they were free to plan the picnic themselves.

68. Blast off. V. To begin a rocket flight.(로켓, 미사일이)발사되다.

영작: 우주인은 6시 정각에 우주로 발사될 것이다.

답:

참조: He will begin a rocket flight.

69. Blast away. To scold or protest violently(몹시 비난하다, 질책하다)

영작: 심판관은 팀의 졸속 경기를 질타했다.

답:

참조: He gave the team a violent scolding.

70. Blind alley. N. a) A narrow street that has only one entrance and no exit. (막다른 골목, 가망 없는 국면〈직업, 연구 등〉)

영작: 막다른 골목은 벽돌담으로 끝났다.

답:

참조: The alley stopped at a brick wall.

b) A way of acting that leads to no good results.

영작: 김군은 그 직장을 택하지 않았다. 왜냐하면 그 직장은 가망이 없는 직업이었기 때문이다.

답:

참조: The job would not lead to a better job

영작: 김군은 대수학문제를 해결하려는 방법을 생각했으나, 그는 그것이 가망이 없다는 것을 발견했다.

답:

참조: Kim's figures did not give the right answer.

71. Blaze a trail(way, path). V. Phr. To cut marks in trees in order to guide other people along a path or trail, especially through a wilderness. (길잡이 표적을 새기다, 세우다). (새 분야를 개척하다).

영작: 김군은 마산에서 따라오고 있는 다른 사냥꾼들을 위하여 길잡이 표적을 세웠다.

답:

참조: He made marks with an axe and left a path through the woods so others could follow it and not get lost.

참조: Trail-blazer. N. A person who finds or tries something new; pioneer; discover.(새 길을 만드는 사람, 개척자, 선구자)

영작: 과학자들은 질병 퇴치를 위한 방법을 발견하는 선구자이다.

답:

참조: Scientists are discoverers of new cures for diseases.

72. Blip out or bleep out. V. Phr. To delete electronically a word on television or on radio either because it mentions the name of an established firm in a commercial or because it is a censored word no allowed for television audiences, resulting a sound resembling the word "beep."(온전치 못한 어구를 삭제하기 위한 전자음)

73. Blockhead. N. Colloquial. An unusually dense, or stupid person whose head is therefore exaggeratedly compared to a solid block of wood. (멍텅구리, 얼간이).

영작: 김군은 정말 얼간이다. 그는 신입생으로 모든 과정을 낙제점을 받았다.

답:

참고: He is so stupid that he couldn't even get through his freshman year.

74. Blood is thicker than water: Person of the same family are closer to one another than to others.

영작: 김군은 그의 가계에서 일할 그의 친척들을 고용했다. 피는 물보다 진하다.

답:

참조: Kim trusts his relatives and likes to have them working for him.

75. Blood runs <u>also</u> blood freezes <u>or</u> blood turns to ice. You are chilled or shivering from great fright or horror; you are terrified or horrified.(아무를 격양시키다, 오싹하게 하다)

영작: 공포영화는 아이들을 오싹하게 만들었다.

답:

참조: The movie frightened the children badly.

76. Blow a fuse <u>or</u> blow a gasket <u>or</u> blow one's top. N. Phr. To become extremely angry; express rage in hot words.(몹시 화내다)

영작: 김씨의 아들은 그의 소원을 거슬러 결혼을 했다. 그는 몹시 화가 났다.

답:

참조: Kim got very angry when his son married against his wishes.

77. Blow hot and cold. V. Phr. To change your ways or likes often; be fickle or changeable.
(〈추어 올렸다 헐뜯다 하며〉 태도를 늘 바꾸다, 변덕스럽다).

영작: 이양은 대학에 갈 것인지에 관하여 태도를 늘 바꾸었다; 매일 그녀는 그녀의 마음을 바꿨다.

답:

참조: She could not make up her mind to go or not.

78. Blow in V. To arrive unexpectedly or in a carefree way.(〈사람이〉 느닷없이 〈불쑥〉나타나다).

영작: 김군이 불쑥 나타났을 때 그 집은 손님들로 이미 만원이었다.

답:

참조: Mr. Kim arrived unexpectedly.

79. Blow one's lines or fluff one's lines. V. To forget the words you are supposed to speak while acting in a play.(대사를 틀리다, 잊다).

영작: 무대 뒤의 소란스러움이 메리를 겁나게 했고 그리고 그녀는 대사를 잊어버렸다.

답:

참고: Mary forgot what she was supposed to say because of the noise behind the stage.

80. Blow one's mind. V. Phr. a) To become wildly enthusiastic over something as if seeing and understanding something for the first time in an entirely new light. (몹시 흥분 시키다, 〈마약, 음악 등으로〉도취되다〈시키다〉, 황홀하게 만들다, 황홀해지다)

영작: 김군의 초자연에 관한 책을 읽어라; 그것은 너를 몹시 흥분 시킬 것이다.

답:

참조: It will make you see things suddenly in an entirely new light.

b) To lose one's ability to function; as if due to an overdose of drugs. (〈마약, 음악〉 등으로 도취되다(시키다)

영작: 김군은 정말 횡설수설 한다. 그는 몹시 흥분된 것 같다.

답:

참조: He seems to have overdosed on drug; he cannot talk coherently.

81. Blow one's own horn or toot one's own horn. V. Phr. To praise yourself; call attention to your own skill, intelligence, or successes. (자랑을 늘어놓다, 자화자찬하다)

영작: 사람들은 항상 자화자찬하는 사람을 피곤해합니다.

답:

참조: They don't like to hear him boasting.

82. Blow over. V. To come to an end; pass away with little or no bad effects.(〈폭풍 따위가〉지나가다, 멎다, 잠잠해지다; 〈위기, 불행, 낭설 따위가〉 무사히 지나가다).

영작: 마치 불길한 폭풍우가 닥쳐 올 것 같이 하늘은 까맣다. 그러나 폭풍우는 지나갔고 그리고 태양은 다시 모습을 드러냈다.

답:

참조: We expected a storm, but the wind blew the clouds away there was no storm.

83. Blow the lid off. V. Phr. Suddenly to reveal the truth about a matter that has been kept as a secret either by some government agency. (〈추문, 좋지 않은 내막 따위를〉 여러 사람 앞에 드러내다. 폭로하다)

영작: 똑똑한 언론인들은 워터게이트 은폐공작(은닉)을 폭로했다.

답:

참조: They found and revealed the fact that there has been a government cover-up about the Watergate robbery.

84. Blow the whistle on. V. To inform against; betray.(〈아무〉의 일을 통보〈밀고〉하다; 을 불법이라 〈불성실하다〉고 말하다)

영작: 경찰은 은행 강도들 중의 한명을 체포했다. 그리고 그는(강도) 두 명을 더 밀고했다.

답:

참조: They caught one man, and he named two others.

영작: 주지사는 도박을 불법이라고 말했다.

답:

참조: The mayer started arresting gamblers.

85. Blow up. V.

a) To break or destroy or to be destroyed by explosion. (폭발〈파열〉하다, 돌발하다).

영작: 그는 은폐된 폭탄을 이용하여 비행기를 폭파했다.

답:

참조: He destroyed the airplane with a hidden bomb.)

b) To explode with anger or strong feeling; lose control of yourself. (노여움을 폭발시키다)

영작: 아버지는 세 번이나 못이 휘자, 그는 노여움을 폭발했다.

답:

참조: He became very angry.

c) To copy in bigger form; enlarge.

영작: 그는 스냅사진을 더 큰 크기로 복사했다.

답:

참조: He made a large copy of the snapshot.

86. Blue in the face. Adj. Phr. Very angry or upset; excited and very emotional. (지쳐서; 몹시 노하여)

영작: 톰은 빌이 몹시 노할 때까지 그와 논쟁을 했다.

답:

참조: Tom argued until he was so angry he couldn't talk any more.

87. Blue Monday. N. A Monday when you have to work after a happy weekend. (우울한 월요일)

88. Boil down. V. To reduce the length of; cut down; shorten.(요약되었다)

영작: 보도기자는 원본 길이의 반으로 그 이야기를 요약했다.

답:

참조: He cut the story down to half the first length.

영작: 전체적인 토론은 정부가 가격을 고정해야만 하는지의 의문으로 요약되었다.

답:

참조: The question simply is whether the government should fix prices.

89. Boiling point. N. The time when you become very angry. (끓는 점, 격노하는 때; 흥분의 극).

영작: 그는 쉽사리 화를 잘 낸다.

답:

참조: He gets angry very easily.

90. Bonehead. N. An unusually dense or stupid person.(바보, 얼간이)

영작: 김군은 그정도로 바보다. 그가 모든 과목들을 낙제한 것은 당연하다(이상하지 않다).

답:

참조: It's no surprise that he fails, he is dumb.

91. Have a bone to pick with a person <u>or</u> crow to pick. N. Phr. A reason for dispute; something to complain of or argue about. (아무에게 불만〈할 말〉이 있다).

영작: 나는 당신에게 불만이 있다.

답:

참조: I have quarrel with you.

92. Bone of contention. N. Phr. Something to fight over; a reason for quarrels; the subject of a fight. (분쟁, 불화의 〈씨〉).

영작: 농장들 사이의 경계선은 두 농부들 사이의 분쟁의 씨였다.

답:

참조: The line was something the two farmers had always fought over.

영작: 자동차의 사용은 김씨와 그의 부인 사이의 불화의 씨었다.

답:

참조: They quarreled about using the car.

93. Bone up. V. To fill with information; try to learn a lot about something in a short time; study quickly.(맹렬히 공부하다)

영작: 김군은 시험을 위하여 맹렬히 공부했다.

답:

참소: He was preparing very hard for an exam.

94. Bore to tears. V. Phr. To filled with tired dislike; tire by dullness or the same old thing. (몹시 지루하여)

영작: 메리는 요리하는 것을 좋아하나, 바느질은 그녀에게 몹시 지루했다.

답:

참조: Mary is not at all interested in sewing.

95. Born out of the wedlock. Adj. Phr. Born to parents who are not married to each other; without legal parents. (서출의) **Born in (lawful) wedlock:** 적출의.

영작: 때때로 결혼한 부부들은 자녀들을 가질 수 없다. 그들은 서출된 아이들을 입양한다.

답:

참조: Some married couples adopt children with no legal parents.

96. Born with a silver spoon in one's mouth. Adj, Phr. Born to wealth and comfort; provided from birth with everything wanted; born rich.(부귀한 집에 태어나다)

97. Born yesterday. Adj, Phr. Inexperienced and easily fooled; easily deceived or cheated. (경험이 없는, 아무것도 모르는)

영작: 김군이 새로운 일을 시작했고, 다른 동료들이 그를 약간 못살게 굴었다. 그러나 그는 경험이 풍부하다는 것을 모든 사람들에게 곧 증명했다.

답:

참조: He showed that he wasn't born yesterday.

98. Borrow trouble. V. Phr. To worry for nothing about trouble that may not come; make trouble for yourself needlessly. (부질없이 걱정하다, 기우하다).

영작: 내년에 관하여 부질없이 걱정하지 마세요. 그것은 아직 멀리 있는 일이니까.

답:

참조: Don't worry about next year. It's too far away.

99. Bottle blond . N. A person who is obviously not natural blond but whose hair is artificially colored.(머리를 염색하여 금발이 된 사람)

100. Bottle up. V. To hide or hold back; control.(병에 밀봉하다, 〈노여움 따위를〉 억누르다).

영작: 이야기를 공유할 사려 깊은 사람이 없었다. 그리하여 김군은 자신의 불행한 감정을 억눌렀다.

답:

참조: He found no friend, so he hid his unhappiness without telling anyone about it.

101. Bound for. Adj. Phr. On the way to; going to.(행의...〈아무가〉...로 가는 길인).

영작: 나는 컨추리 클럽으로 향하고 있는 중이다.

답:

참조: I am on my to the country club.

102. Bow out. V. Informal.

a) To give up taking part; excuse yourself from doing any more.(절하고 물러나다; 사퇴하다, 사직하다. 손을 빼다).

영작: 김군은 그의 동료들과 자주 다투었다. 그리하여 마침내 회사를 사직했다.

답:

참조: Mr. Kim was not happy with his partners, so he quit the business.

b) To stop working after a long service; retire.

영작: 40년의 철도부설 사업 이후 그는 철도 기관사로 은퇴했다.

답:

참조: He retired as engineer after forty years' service.

103. Box office. N. A best selling movie, musical, or drama. (Where the tickets are all always sold out and people line up in front of the box office.)(인기 프로, 〈극장 등의〉대만원, 대인기, 대만원의 흥행).

영작: 존 웨인의 마지막 영화는 정례적인 대인기였다.

답:

참조: It was an instant sell—out.

104. Brain drain. N. To loss of the leading intellectuals and researchers of a country due to excessive emigration to other countries where conditions are better.(두뇌 유출, 인재의 국외이주)

영작: 영국은 제 2차 세계 대전이후 미국으로 상당한 두뇌 유출로 고통을 경험했다.

답:

참조: Many outstanding British intellectual moved to the U.S. after W.W. II

105. Branch off. V. To go from something big or important to something smaller or less important.; turn aside.(《열차, 차등이》지선으로 〈곁길로〉 들다). (《생각 등이》 산만해지다).

영작: 다리에서(교량에서) 소로가 고속도로로부터 지선으로 갈라지고 그리고 강을 따라간다.

답:

참조: A smaller road leaves the highway and goes along the river.

영작: 김군은 공부를 하려고 노력했으나, 그의 마음은 그가 어떤 소녀와 함께 춤추러 갈 것인지를 요청할 것인가로 계속 산만해졌다.

답:

참조: His mind left the lesson and turned to the dance.

106. Branch out. V. To add new interests or activities; begin doing other things also. (〈얘기 따위가〉 지엽에 흐르다; 장사, 사업 따위〉규모를 확장하다).

영작: 먼저 제인은 우표들을 수집하였고, 그 다음에 그녀는 규모를 확장하여 동전들을 모았다.

답:

참조: Jane collected both stamps and coins; she added a hobby to the one she had.

107. Brass hat. N. a) A higher officer in the army, navy, or air force. (고급 장교; 〈일반적〉고급관리, 높은 양반).

영작: 서울에서 고급관리들이 중요한 비밀들을 자주 토론한다.

답:

참조: High officers in Seoul often discuss secret matters.

b) Any person who has a high position in business, politics, or other work.

영작: 김군은 고급 정치 관리이다.

답:

참조: He is a leader in politics.

108. Brave it out. V. Phr. To endure something difficult or dangerous through to the end; keep on through trouble or danger. (태연히 〈용감하게〉 밀고 나가다).

영작: 전시에 대양을 횡단하는 것은 위험하였으나, 대령과 선원들은 용감하게 밀고 나갔다.

답:

참조: They took the ship across the ocean although they knew the ship might be sunk.

109. Brazen it out. V. Phr. To pretend you did nothing wrong; be suspected, accused, or scolded without admitting you did wrong. (태연한 얼굴로 〈철면피하게〉 대처하다, 뻔뻔스럽게 밀고 나가다).

영작: 선생님은 그녀가 그녀의 책상 안에 소지하고 있던 도난당한 펜을 발견했다. 그러나 그 소녀는 뻔뻔스러운 얼굴 표정을 지었다.

답:

참조: When the teacher accused the girl of stealing the pen, the girl did not admit it; she pretended to have done nothing wrong.

110. Bread and butter. N. Phr. The usual needs of life; food, shelter, and clothing. (생계)

영작: 그는 부기 계원으로 생계를 이어갔다.

답:

111. Break down. V.

a) To smash or hit(something) so that it falls; cause to fall by force. (장애, 적의 따위를〉 극복하다, 부숴버리다)

영작: 소방원은 문을 부셨다.

답:

참조: They smashed door so that it fell down.

b) To reduce or destroy the strength or effect of; weaken.

영작: 선생님은 소년의 수줍음을 친절하게 도와줌으로써 극복시켰다.

답:

참조: She lessened his shyness by helpful and kindness.

112. Break even. V. Phr. To end a series of gains and losses having the same amount you started with; have expenses equal to profits; have equal gain loss. (〈승부 등의〉 비김, 동점; 공정한 기회).

영작: 만약 당신이 놀음을 해서 비긴다면 당신은 행운아다.

답:

참조: Most people who gamble lose money, so you are lucky If you win enough to balance your loses.

113. Break ground. V. Phr.

a) To begin a construction project by digging for the foundation. (파다, 갈다; 착수〈기공〉착수하다).

영작: 도시의 공무원들과 산업 지도자들은 그 회사가 새 건물을 위한 기공식을 착수했을 때 거기에 참석하였다.

답:

114. Break in. V.

a) To break from outside; to enter by force or unlawfully. (뛰어들다, 난입하다; 말참견하다, 방해하다).

영작: 가족이 외유 중에 도둑들이 침입했다.

답:

참조: Thieves forced their way in while the family was away.

b) To lessen the stiffness or newness of by the use.(〈몸에〉 익히게 하다).

영작: 그는 새 신발 한 켤레를 길들였다.

답:

참조: He wore the new shoes until they were soft and comfortable.

115. Break off. V.

a) To stop suddenly.(꺾어〈찍어〉내다, 끊다, 그만 두다; 약속을 취소하다).

영작: 그 강연자는 매우 빈번이 방해받았기 때문에 그는 갑자기 멈추고 착석했다.

답:

참조: His hearers bothered him and sat down.

b) To end a friendship or love. (...와 헤어지다, 절교하다).

영작: 나는 김군과 이양이 헤어졌다는 것을 들었다.

답:

참조: I hear they have stopped dating each other.

영작: 그녀는 그녀의 가장 친한 친구와 절교했다.

답:

참조: She ended the friendship with her.

116. Break one's neck. V. Phr. To do all you possibly can; try your hardest. – Usuallly used with a limiting Adv or negative.(몹시 서두르다, 전력을 다하다, 위험한 일을 하여 몸을 망치다)

영작: 존은 학교에 지각하지 않기 위하여 몹시 서둘렀다.

답:

참조: John tried very hard to get to the school.

117. Break out. V.

a) To begin showing a rash or other skin disorder.__used with <u>with.</u>(〈땀, 여드름 따위가〉나다, 범벅이 되다)

영작: 그는 성홍열이 돋았다.

답:

참조: His skin showed a rash from scarlet fever.

영작: 그는 갑자기 웃기 시작했다.

답:

참조: He began to laugh loudly.

118. Break the ice. V. Phr. To conquer the first difficulties in starting a conversation, getting a party, or making an acquaintance. (해결의 실마리를 찾다, 돌파구를 열다; 〈분위기를 부드럽게 하려고〉이야기를 꺼내다.

영작: 해결의 실마리를 찾기 위하여, 김군은 등산에 관한 그의 관심사를 이야기했고 그리고 그들은 곧 대화의 진전을 이루었다.

답:

참조: Mountain climbing proved to be an interest of both, and soon they were talking eagerly.

119. Break through. V. To be successful after overcoming a difficulty or bar to success.(...을 헤치고 나가다, ...돌파하다, 〈법 따위를〉어기다, 범하다).

영작: 김군은 대학에서 이번 학기에 매우 열심히 공부했다. 그리고 그는 마침내 대학생 우등 명단에 최초로 진입했다.

답:

참조: Jim's name was on the Dean's List of best students at last.

120. Breathe down one's neck. V. Phr.To follow closely; threaten from behind; watch every action.(..아무의 적이 되어 〈아무를 괴롭혀〉궁지에 몰아넣다. 배후에 바싹 다가가다. 〈붙어 다니면서〉 감시하다)

영작: 너무 많은 채권자들이 그를 감시하고 있었다.

답:

참조: He owed money to many people and they were asking him to pay them.

121. Bred– in –the bone. Adj. Phr. Belonging to your nature or character, especially from early teaching or long habit. (타고 난, 나면서부터의, 없애기 힘든)

영작: 조는 타고난 승마자이다; 그는 여섯 살 이래로 계속 말을 타오고 있었다.

답:

참조: Joe learned about horse very early and from long practice.

122. Bright and early. Adj. Phr. Prompt and alert; on time and ready; cheerful and on time or before time. (아침 일찍)

영작: 그는 아침식사에 아침 일찍 내려왔다.

답:

참조: He came to breakfast and early to breakfast.

영작: 그녀는 약속을 위하여 아침 일찍 도착했다.

답:

참조: She got to the appointment cheerful and a little before the hour.

123. Bring around <u>or</u> bring round. V. To restore to health or consciousness; cure.(의식〈건강〉을 회복시키다. 아무를 납득시키다. 설득하다).

영작: 그는 몸이 상당이 아팠으나 훌륭한 간호사가 그를 회복시켰다.

답:

참조: Good nursing helped to make him well.

124. Bring-down. N. Slang. A person who depresses and saddens others by being a chronic complainer.(신랄한 비꼼; 〈남을 우울하게 하는〉 음울한 사람, 맥이 풀리게 하는 것).

영작: 김군 항시 음울한 사람이다.

답:

125. Bring down the house. To start an audience laughing or clapping enthusiastically. V. Phr. (만장의 갈채를 받다).

영작: 대통령은 만인의 갈채를 받은 훌륭한 연설을 하였다.

답:

참조: His speech made them all clap their hands long and hard.

126. Bring out. V. To cause to appear; make clear.(..에서 꺼내다, 〈뜻〉을 분명히 하다; 발표했다).

영작: 그의 보고서는 그 계획의 어리석음을 폭로했다.

답:

참조: His report made the foolishness of the plan clear.

영작: 솔질은 당신 머리의 아름다움을 나타낼 것이다.

답:

참조: Brushing your hair will make its beauty appear.

127. Bring to. V. To restore to consciousness; wake from sleep, anesthesia, hypnosis, or fainting.(〈아무를 제 정신이 들게 하다).

영작: 그녀는 후자극제로 그의 제정신으로 돌아오게 했다.

답:

영작: 후자극제가 혼미한 사람을 제정신으로 자주 돌아오게 한다.

답:

참조: A special salt with a strong smell will often wake up person who has fainted.

128. Bring to light. V. Phr. To discover(something hidden); find out about; expose. (밝히다; 드러내다, 폭로하다)

영작: 고대 이집트인의 무덤들에 의하여 소장된 많은 것들은 과학자들과 탐험자들에 의하여

밝혀졌다.

답:

참조: Many things have been found in the tombs.)

129. Bring a person to terms. V. Phr. To make (someone) agree or do; make surrender. (아무를 항복시키다; 승낙하게〈따르게〉하다).

영작: 우리가 적을 항복 시킬 때 까지, 전쟁은 종식되지 않을 것이다.

답:

참조: We must make the enemy surrender.

130. Bring up. V. To take care of (a child); raise; train; educate.(기르다, 가르치다) (〈논거, 화제 등을〉 내놓다).

영작: 그는 잘 성장했다.

답:

영작: 그는 그의 자녀들을 가르치기 위하여 많은 관심과 배려를 제공했다.

답:

참조: He tried to raise them well.

영작: 반 모임에서 김군은 소풍에 관한 생각을 제시하였다.

답:

참조: He started talking about a future picnic.

131. Brush off <u>or</u> give the brush off. V. Phr. To refuse to hear or believe, quickly and impatiently. (〈문제 등을〉 간단히 해치우다;〈아무를〉 무시하다; 거절하다; 퇴짜 놓다; 내쫓다, 해고하다).

영작: 박군은 나무에서 떨어질 수 있다는 심양의 경고를 그는 무시했다.

답:

참조: Park paid no attention.

영작: 나는 비가 올 것 같고 그리고 버스를 타자고 말했으나, 조군은 나의 생각을 무시했다.

답:

참조: He didn't believe it would rain.

영작: 아버지는 그의 손가락을 베었다. 그러나 그는 그것을 대수롭지 않게 여기고 그리고 계

속 일했다.

답:

참조: He didn't think the cut was serious.

영작: 메리는 파티에서 빌을 무시했다.

답:

참조: She wouldn't pay attention to Bill or dance with jim.

영작: 나는 스미스 군에게 '안녕'하고 말했으나 그는 나를 무시했다.

답:

참조: He didn't talk to me.

132. Brush up <u>or</u> brush up on. V. To refresh one's memory of or skill at by practice or review.(옷매무새를 고치다)(공부를 다시 시작하다)

영작: 나의 옷매무새를 잠시 다듬고 나서, 나는 당신을 로비에서 뵙겠습니다.

답:

영작: 그녀는 그녀가 가을에 가르치기로 예정된 미국역사를 다시 공부하면서 여름을 보냈다.

답:

참조: She gave the summer to reviewing American History as she was to teach that in the fall.

133. Buckle down <u>or</u> knuckle down. V. To give complete attention (<u>to</u> an effort or job); attend.(〈일에〉진지하게 달라붙다, 정성을 쏟다).

영작: 김군은 공부대신에 빈둥거렸다; 그래서 그의 아버지가 공부에 전념하라고 그에게 말했다.

답:

참조: His father told him to get serious and study.

134. Bug-eyed. Adj. Phr. Wide-eyed with surprise.(〈놀라서〉눈이 휘둥그레진).

영작: 그가 상을 수여받게 되었다는 사실을 들었을 때 그는 눈이 휘둥그레진 채 거기에 서 있었다.

답:

참조: He was wide-eyed with surprise when told of the prize.

135. Put a bug in one's ear. N. Phr. A hint; secret information given to someone to make him act; idea. (아무에게 살짝 알려주다).

영작: 메리가 보석가계의 다이아몬드 핀을 감탄하는 것을 나는 목격했다: 나는 김군에게 살짝 알려 줄 것이다.

답:

참조: I know Mary likes the pin, so I'll tell Henry secretly so he can buy it as a present for Mary.

136. Bull session. N. Slang. A long informal talk about something by a group of persons. (자유토론, 잡담).

영작: 경기 이후에 기숙사에 있던 소년들은 전등이 소등될 때 까지 자유토론을 했다.

답:

참조: After the game the boys had a long talk until the lights went out.

137. Bump into. V. informal. To meet without expecting to; happen to meet; come upon by accident. (아무와 우연히 마주치다).

영작: 메리가 시내를 걷고 있었을 때 그녀는 이군을 우연히 마주쳤다.

답:

참조: Mary met Mr. Lee coming the other way.

138. Burn a hole in one's pocket. V. Phr. To make you want to buy something; be likely to be quickly spent.(《돈이》몸에 붙지 않다).

영작: 김군이 그의 생일날 받은 1달러는 그의 주머니에 남아있지 않았다. 그는 상점으로 급히 달려갔다.

답:

참조: Kim was impatient to spend the money he had gotten.

139. Burn one's bridges (behind one) <u>also</u> burn one's boats. V. Phr. To make a decision that you cannot change. (퇴로를 끊다, 배수진을 치다).

영작: 이양이 수녀가 되었을 때, 그녀는 자신의 퇴로를 끊었다.

답:

참조: After she promised to be a member of a religious order, she could not later decide to do something else instead.

140. Burn out. V. Phr.

a) To destroy by fire or by overheating.

영작: 크리스마스 나무에 불이 붙었고 그리고 그 집은 전소되었다.

답:

참조: The family had to leave their home because it caught fire and was badly damaged.

b) To break, tire or wear out by using up all the power, energy or strength.(열의, 정력 따위가〉 바닥이 나다, 기진맥진 하다, 정력을 다 쏟아 버리다).

영작: 김군은 달리기 초반부에서 힘을 다 소진했고 그리고 완주하지 못했다.

답:

참조: Mr. Kim tired himself out by running too fast in the early part of the race.

141. Burn the candle at both ends. V. Phr. To work or play too hard without enough rest; get too tired.(〈돈, 정력을〉심하게 낭비하다).

영작: 그는 변호사로써 매일 열심히 일을 했고 그리고 매일 저녁마다 파티와 춤을 추러 갔다; 그는 정력을 심하게 낭비하였다.

답:

참조: He worked all day and was up parties, not getting enough rest.

142. Burn up. V.

a) To burn completely, destroy or be destroyed by fire.

b) Irritate; anger; annoy.(〈불이 확 타오르다, 다 타버리다)(노하다)

영작: 그 소년의 게으름과 무례함은 그의 선생님을 노하게 했다.

답:

참조: His laziness and rudeness burned up his teacher.

143. Burn up the road. V. Phr. To drive a car very fast.(대단한 속도로 운전하다〈나아가다〉)

영작: 그의 여자 친구를 다시 만나려는 그의 열의(열정) 때문에, 그는 대단한 속도로 운전을 했다.

답:

참조: He drove at high speeds because he was impatient to get to his girl.

144. <u>Busy work</u>. N. Work that is done not to do or finish anything important, but just to keep busy.(〈학교에서〉시간을 보내기 위해 시키는 학습 활동).

145. Butter up. V. To try to get the favor of friendship of(a person) by flattery or pleasantness. (...에게 아첨하다)

영작: 더 바람직한 직업이 주어지는 것을 희망하면서 그는 사장에게 아첨을 떨기 시작했다.

답:

참조: He tried to gain the boss's favor saying and doing nice things to him.

146. Butt in. V. Slang. To join in with what other people are doing without asking or being asked; interfere in other people's business; meddle.(말참견하다; 간섭〈방해〉하다).

영작: 메리는 이양이 말참견을 했을 때 제인에게 어떻게 스웨터를 짜는지 설명하고 있었다.

답:

참조: Lee started to explain to Jane without being asked.

147. Button down, V. Slang. To state precisely, to ascertain, to pin down, to peg down. (사실 따위를 확인하다. 명백하게 하다; 잠물쇠를 꼭 잠그다).

영작: 먼저 진실들을 명백하게 확인시킨 이후에, 우리는 계획을 추친할 수 있다.(계속할 수 있다) *(목적어+done:...시키다)

답:

참조: First let us ascertain the facts and then we can proceed with the plans.

148. Buy off. V. To turn from duty or purpose by a gift. (매수하다. 〈협박자등을〉돈을 주어 빼앗다. 〈의무 따위를〉 돈을 주고 모면하다)

영작: 경찰이 도박 사업을 중단하라고 경고했을 때, 그 주인은 그들을 매수했다.

답:

참조: The gambler paid the police to let him continuer his gambling business.

149. **Butterflies in one's stomach. N. Phr. A queer feeling in the stomach caused by nervous fear or uncertainty; a feeling of fear or anxiety in the stomach.** (〈걱정으로 마음이〉 조마조마 하다, 〈가슴이〉 두근두근하다).

영작: 김군이 직장을 알아보기 위하여 공장 사무실 안으로 걸어들어 갔을 때, 그는 가슴이 두근두근 했다.

답:

영작: He was excited and nervous.

150. **By all odds. Adj. Phr. Without question; certainly.**(훨씬, 뛰어나게; 모든 점으로 보아, 어떻게 보든지, 분명히).

영작: 그는 모든 면에서 가장 강력한 후보자였다.

답:

참조: He was the strongest candidate no matter how you looked at it.

영작: 모든 점에서 우리는 게임을 승리해야 한다, 왜냐하면 다른 팀이 너무나 약하기 때문이다.

답:

참조: We should certainly win.

151. **By a long shot. Adj, Phr. By a big difference; by far.–Used to add emphasis.** (훨씬, 크게). long shot: 모험을 건 도박, 대담함〈가망 없는, 어려운〉 기도.

영작: 김군은 월등하게 경주에서 최고의 수영선수이다.

답:

참조: Bert was certainly the best swimmer.

152. **By dint of. Prep. By the exertion of; by the use of; through.**(...의 힘〈덕〉으로;...에 의하여).

영작: 대학에서 그의 성공은 주로 열심히 공부한 덕분이었다.

답:

참조: He succeed because he studied.

153. By fits and starts. Adj. Phr. With many stops and starts; a little now and a little more later; not all the time; irregularly.(발작적으로, 이따금 생각난 듯이)

영작: 그는 수년 동안 간헐적으로 발명품에 종사했다.

답:

참조: He had worked irregular on his invention for years.

154. By inches. Adj. Phr. By small or slow degrees; little by little.

영작: 그 강은 조금씩 물이 불어나고 있었다.

답:

참조: The river was rising very slowly.

영작: 그는 서서히 죽음에 이르고 있었다.

답:

참조: He was slowly dying.

155. By leaps and bounds. Adj. Phr. With long steps; very rapidly.(일사천리로; 급속하게).

영작: 공장에서의 생산은 급속하게 증가하는 중이였다.

답:

참조: Production was going very rapidly.

156. B.Y.O.B: Bring Your Own Bottle. Frequently written on invitations for the kind of party where people bring their own bottle.(주류 각자 지참 할 것).

157. By oneself. Adv. Phr. Without any others around; separate from others; alone.
(〈완전히〉 혼자서, 고독하게, 〈완전히〉 혼자 힘으로).

영작: 그 집은 언덕위에 홀로 서있다.

답:

영작: 심군은 혼자서 산보하기를 좋아했다.

답: Sim liked to go walking <u>by himself</u>.

영작: 그녀는 외톨이였다.

답:

158. By the dozen or by the hundred or by the thousand. Adj. Phr. Very many at one time; in great numbers. (수십 개 씩)

영작: 그녀는 과자를 수십 개 씩 먹었다.

답:

참조: She ate a great many cookies.

159. By skin of one's teeth. Adv. Phr. By a narrow margin; with no room to spare; barely. (겨우 〈간신히 〈도망치다〉).

영작: 물에 빠진 사람은 허우적거렸고, 그리고 나는 겨우 그를 지상으로 끌어 올렸다.

답:

참조: The drowning man fought me and I was just able to bring him to land.

영작: 그녀는 간신히 영어를 통과했다.

답:

참조: She barely passed English.

160. By turns. Adj. Phr. First one and then another in a regular way.(번갈아; 차례로)

영작: 시카고로 드라이브 중에, 세 남자는 운전대를 번갈아 교대했다.

답:

참조: On the drive to Chicago, the three man drove the car one by one.

영작: 김군이 열이 났을 때, 그는 냉기와 온기를 번갈아 느꼈다.

답:

161. By virtue of also in virtue of. Prep. On the strength of; because of ; by reason of. (...의 〈효력〉에 의해,...의 힘으로, ...의 덕택으로).

영작: 비닐봉투들은 그것들의 깨끗함, 강력함 그리고 저렴한 비용 때문에 많은 다양한 음식들을 간수하는데 유용하다.

답:

참조: Plastic bags are good packages for foods, because they are clear, tough, and cheap.

162. By way of. Prep. For the sake or purpose of; as. By way of example, he described his own experience. (As an example,—)(...의 대신으로,...할 속셈으로)

영작: 그는 시카고를 경유하여 뉴욕으로부터 샌프란시스코를 갔다.

답:

참조: He went from New York to San— by a route that passed through Chicago.

Section C

1. **Calculated risk. N. An action that may fail but is judged more likely to succeed.** (산정 위험률).

   영작: 반역의 섬에 부대를 파견하는 것은 산정위험률이었다.

   답:

   참조: The sending of troops to the island might have started a war, but the country that sent them thought the troops would end the rebellion without a war starting.

2. **Call a halt. V. Phr. To give a command to stop.** (정지를 명하다).

   영작: 정찰병들은 도보 여행 중에 피곤하였다. 그래서 선생님은 정지를 명령했다.

   답:

   참조: The Scouts were tired, and the teacher let the boys rest from heir hike.

3. **Call down <u>also</u> dress down. V. To scold.**(불러내리다, 〈신께 가호 따위를〉 기구하다, 야단치다, 꾸짖다).

   영작: 짐은 강의에 늦었기 때문에 선생님으로부터 꾸지람을 들었다.

   답:

   참조: The teacher scolded Jim for coming to class late.

   영작: 어머니는 흙으로 뒤범벅이 된 장화로 부엌 안으로 들어왔다고 밥을 꾸짖었다.

   답:

   참조: Mother told Bob he did something bad.

4. **Call a spade a spade. V. Phr. To call a person or thing a name that is true but not polite; speak bluntly.**(사실 대로 말하다) 거리낌 없이 말하다).
영작: 소녀가 김군의 책상으로부터 약간의 돈을 가져갔다. 그리고 그녀는 돈을 빌려갔다고 말했다. 그러나 나는 그녀가 돈을 훔쳤다고 말했다; 나는 사실 대로 말했다고 믿는다.
답:
참조: I believe in calling things by their true names, and taking money without permission is stealing.

5. **Call for. V.**
a) To come or go to get (someone or something).(..을 불러오다. 〈술〉 따위를 청하다. 〈아무를〉 데리러오다).
영작: 존은 그녀를 무도회에 데려가기 위하여 메리를 데리러왔다.
답:
참조: John came to Mary's house to get her.

b) To need; require. (..을 요구하다).
영작: 그 케이크의 조리법은 밀가루 두 컵을 요구한다.
답:
참조: The recipe needs two cups of flour to be successful.
영작: 학교에서의 성공은 지독한 공부를 필요로 한다.
답:
참조: To succeed in school, you need to study hard.

6. **Calling down <u>also</u> dressing down. N. Phr. A scolding; reprimand.**(야단치다, 꾸짖다).
영작: 판사는 과속을 했다고 소년을 야단쳤다.
답:
참조: The judge gave the boy a scolding for speeding.

7. **Call in question <u>or</u> call into question <u>or</u> call in doubt. V. Phr. To say(something) may be mistake; express doubt about; question.**(문제 삼다, 의심을 품다, 이의를 제기하다).
영작: 박군은 서울이 부산보다 더 안전한 곳이라는 심양의 언급에 이의를 제기했다.

답:

참조: Park said "Seoul is safer than Busan," Sim said, "I don't believe that. Can you prove it?"

8. Call it a day. V. Phr. To stop for the day; quit. (하루를 〈의 일을〉 마치다).

영작: 밥은 오후 10시까지 열심히 공부했고 그리고 나서 하루의 일과를 끝냈다고 결정했고 그리고 잠자리에 들었다.

답:

참조: He decided he had done enough work for one day and quit.

영작: 4명의 골퍼들은 9홀을 돌고 그리고 하루를 마쳤다.

답:

참조: They quit and went home.

9. Call it quits. V. Phr. To decide to stop what you are doing; quit.(손을 떼다; ...의 중지를 명하다)

영작: 김군은 차고의 반을 페인트칠을 했을 때, 그는 그것을 중단했다.

답:

참조: Kim decided to stop painting when he was half-finished.

10. Call names. V. Phr. To use ugly or unkind words when speaking to someone or when talking about someone.(아무를 거짓말쟁이〈도둑놈〉이라고 욕설하다. 아무의 욕을 하다.)

영작: 빌은 너무나 화가 났기 때문에 김군에게 욕을 했다.

답:

참조: Bill spoke to Mr. Kim in ugly, nasty, and they were even again.

11. Call off. V. Stop (something planned); quit; cancel.(〈약속을 취소하다; ...의 중지를 명하다).

영작: 야구경기는 비 때문에 취소되었다.

답:

참조: It was cancelled.

12. Call on <u>or</u> upon. V. (아무)를 방문하다.

a) To make a call upon; visit.

영작: 이양이 도시에 머무르고 있는 동안 그녀는 옛 친구를 방문했다.

답:

참조: She went to visit an old friend while she was in the city.

b) To ask for help. (〈아무〉에게 ...을 요구하다, 부탁하다).

영작: 그는 김군에게 노래를 부탁했다.

답:

13. Call on the carpet. V. Phr. To call (a person) before an authority(as a boss or teacher) for a scolding or reprimand.(불러서 꾸짖다).

영작: 노동자는 작업 중에 잠을 잤기 때문에 감독자로부터 꾸짖음을 들었다.

답:

참조: The worker was asked to come into the boss's office and was scolded for sleeping on the job.

14. Call the tune. V. Phr. To be in control; give orders or directions; command. (일을 결정하다, 좌우하다).

영작: 빌은 클럽의 회장이었다. 그러나 김군은 비서였고 그리고 매사를 좌우했다.

답:

참조: Mr. Kim was the one who really was in charge of the club.

15. Call to account. V. Phr. a)To ask (someone) to explain why he did something wrong (as breaking a rule.) (...에 관한) 아무의 책임을 묻다, 아무에게 해명을 요구하다:(...의 일로)꾸짖다.

영작: 교장은 허가도 없이 학교를 일찍 떠난 이유를 김군에게 해명을 요구했다.

답:

참조: The principal asked Jim to tell why he left early.

b) To scold (as for wrong conduct); reprimand.

영작: 아버지는 그에게 복종하지 않는다는 이유로 그의 아들을 꾸짖었다.

답:

참조: The father scolded his son for disobedience.

16. Call to order. V. Phr. To open (a meeting) formally.(의장이 발언자에게) 의사진행 절차에 위반되고 있음을 주의시키다. 정숙히 할 것을 명하다. ...의 개회를 선언하다).

영작: 회장은 의원회의 개회를 선언했다.

답:

참조: The chairman said that the committee must be quiet and do business.

영작: 법정에 있는 사람들이 너무 시끄럽게 말을 했을 때 정숙할 것을 명령했다.

답:

참조: The judge ordered them to be quiet.

17. Call up. V. Phr. a) To make someone think of; bring to mind; remind. (상기시키다. 소집하다. 동원하다).

영작: 수도의 사진은 우리 반 여행의 기억들을 떠올렸다.

답:

참조: The pictures brought memories of our class.

b) To tell to come (as before a court)소집하다.

영작: 지역 변호사가 3명의 증인을 소집했다.

답:

참조: He told them to come to court and tell what they saw.

c) To call on the telephone.

영작: 그녀는 잡담을 위해 친구에게 전화를 했다.

답:

18. Cancel out. V. To destroy the effect of; balance or make useless. (소멸시키다. 상쇄하다).

영작: 그 소년은 역사과목에서 "A" 취득은 문학에서 "C"를 받아 무용지물이 되었다.

답:

참조: The boy got an "A" in history to balance the "C" he got an literature.

영작: 김군의 급한 성품은 연주자로써의 그의 기술을 아무 짝에도 쓸데 없었다.

답:

참조: Mr. Kim's hot temper makes his skill as a player useless.

19. Can help. V. To be able to stop; be capable of not (doing something). (...하지 않을 수 없다, ...하는 것을 피할 수 없다).

영작: 나는 영화 보러 가는 것을 고려하지 않았다. 그러나 나는 나 자신을 어찌 할 수 없었다.

답:

참조: I didn't have enough strength to refuse to go to the movies.

영작: 당신은 그 습관을 고수할 필요가 없다. 당신이 노력한다면 그것을 근절할 수 있다.

답:

참조: You can break the habit if you try.

20. Canned laughter. N. Colloquial. (〈효과음으로〉 녹음된 웃음소리).

The sounds of laughter heard on certain television programs that were obviously not recorded in front of a live audience and are played for the benefit of the audience from a stereo track to underscore the funny points.

21. Can of worms. N. A complex problem or complicated situation. (복잡한 문제 혹은 복잡한 상황).

영작: 대도시의 정치에 끼어들지 맙시다—그것은 복잡한 또 다른 문제입니다.

답:

참조: Let us avoid the subject of big city politics.

22. Can't help but <u>or</u> cannot but. V. Phr. To be forced to; can only; must.(...하지 않을 수 없다. ...하는 것을 피할 수 없다).

영작: 당신의 조국이 당신의 도움을 요청할 때, 당신은 부름에 응해야 한다.

답:

참조: When your country calls you to help, you must go.

영작: 거리들이 녹은 눈으로 가득할 때, 당신의 신발이 젖는 것을 피할 수가 없다.

답:

참조: With melting snow on the ground, you are sure to get your shoes wet.

23. Can't see the wood for the trees or can't see the woods for the trees. To be unable to judge or understand the whole because of attention to the parts; criticize small things and not to see the value or the aim of the future achievement.(나무만 보고 수풀을 못 보다, 말절에 구애되어 전체를 못보다).

영작: 선생님들은 어법 실수들을 때때로 목격하고 그리고 영작문의 훌륭한 생각들을 보지 못한다; 그들은 나무만 보고 수풀을 못 본다.

답:

참조: They see small errors and miss big errors.

24. Card up one's sleeve. N. Phr. Another help, plan, or argument kept back and produced if needed; another way of something. (비책을 간직하고 있다).

영작: 필요하다면, 그의 어머니가 그에게 돈을 빌려줄 것이라는 것을 김군은 알고 있었다. 그러나 그는 비책을 간직하고 있었다.

답:

참조: He didn't borrow it, but waited until it was necessary.

영작: 심군은 항상 그의 비책을 간직하고 있기 때문에, 그의 첫 계획이 실패했을 때 그는 다른 시도를 했다.

답:

참조: He was smart enough to have thought of another plan,

25. Carrot and stick. N. Phr. The Promise of reward and threat of punishment; both at the same time. (상과 벌, 회유와 위협).

영작: 그가 그의 낮은 학점에 관한 이야기를 했을 때 김군의 아버지는 상과 벌을 사용했다.

답:

26. Carry away. V. To cause very strong feeling; excite or delight to the loss of cool judgment (....에 넋을 잃게 하다, 도취시키다).

영작: 음악이 그녀를 도취시켰다.

답:

참조: The music pleased her so much that she couldn't do anything but listen.

영작: 그는 그의 분노를 자제하지 못했다.

답:

참조: He was so angry that he lost all judgement.

영작: 그녀는 그 남자의 매력에 매혹되었다.

답:

참조: She was very much attracted by him and saw nothing against him.

27. Carry off. V.

a) To cause death of; kill. 빼앗아가다; (〈아무를〉 유괴하다, 〈병 따위가〉 목숨을 빼앗다, 죽게 하다).

영작: 수년 전에 천연두가 수많은 인디언들의 목숨을 앗아갔다.

답:

참조: They died of smallpox.

b) To succeed winning. (상품 따위를) 타다, 획득하다.

영작: 밥은 과학에서 명예의 표창을 획득했다.

답:

참조: Bob led in science.

28. Carry on. V.

a) To work at; be busy with; manage.(계속하다, 진행시키다, 〈일, 대화〉 따위를 행하다, 〈어려움 장애를 무릅쓰고〉 꾸준히 해나가다).

영작: 빌과 그의 아버지는 사업(철물점)을 꾸준히 계속했다.

답:

참조: They managed and worked in a hardware store.

b) To keeping doing as before; continue.

영작: 그의 아버지가 돌아가신 후, 김군은 그 사업을 꾸준히 해나갔다.

답:

참조: He kept on running the store.

29. Carry one's cross <u>or</u> (literary) bear one's cross. V. Phr. To live with pain or trouble.
(십자가를 지다. 고난을 견디다).

영작: 우리는 그 상냥한 여인이, 아들이 감옥에 갇혀 있는, 고난을 격고 있는 것을 알지 못했다.

답:

참조: We didn't know the cheerful woman was keeping on, even though she had trouble, a son in prison.

30. Carry out. V. Phr. To put into action ; follow; execute. (실시하다. 실행하다).

영작: 김군은 조심스럽게 경청했고 그리고 선생님의 지시들을 이행했다.

답:

참조: Mr. Kim followed the teacher's instructions.

31. Carry over. V.

a) To save for another time. (연기하다. 뒤로 미루다. 넘기다).

영작: 그 상점은 작년에 재고로 남겨진 약간의 수영복을 갖고 있었다.

답:

참조: The store had some bathing suits kept from last year.

영작: 이 토론을 다음의 모임으로 넘깁시다.

답:

b) To transfer (as a figure).

영직. 그가 숫자들을 합산했을 때마다, 그는 총액을 다음 해의 명세서로 넘겼다.

답:

참조: He transferred the total from one account book to the next year's book.

c) To continue in another place.

영작: 이 이야기는 다음 페이지에서 계속 이어졌다.

답:

참조: The story was continued on the next page.

32. Carry the ball. V. Phr. To take the most important or difficult part in an action or business. (책임을 지다. 선수를 치다).

영작: 다른 소년들 중의 어느 누구도 교장에게 그들이 창문을 깨뜨린 것에 관하여 말하지 않았다. 그러나 김군은 책임을 져야만 했다.

답:

참조: When the other boys wouldn't tell the principal, Mr. Kim had to.

33. Cash in. V. To exchange (as poker chips or bonds) for the value in money. (〈수표 따위를〉 은행에 넣다. 〈어음 따위를〉 은행에 넣다. 〈도박장에서〉 칩을 현금화하다).

영작: 그는 약간의 증권들을 현금화하여 청구서를 지불했다.

답:

참조: He paid the bill by first selling some bonds.

34. A case in point. N. Phr. An example that proves something or helps to make something clearer.(〈특수〉 사건; 유례).

영작: 미국인은 가장 비천한 태생으로부터 대통령의 지위로 출세할 수 있다. 아브라함 링컨이 바로 그 경우이다.

답:

참조: His life shows that a man from the humblest beginning can become President.

35. Cash in on. V. To see (a chance) and profit by it; take advantage of (an opportunity or happening) (..에서 이익을 얻다. ....을 이용하다).

영작: 박군은 야영에 관한 사람들의 커다란 관심을 이용하였고 그리하여 300개의 텐트를 팔았다.

답:

참조: He noticed people were interested in camping and sold many tents.

36. Cast down. Adj. Discouraged; sad; unhappy.(낙담함)

영작: 이양은 그녀의 아저씨의 죽음에 관한 소식에 낙담하였다.

답:

37. Cast about <u>also</u> cast around. V. To look everywhere; search.(<물건을> 찾다, 찾아다니다(for).

영작: 위원회는 은퇴할 교장 선생님을 인계할 수 있는 경험 있는 선생님을 사방으로 물색하고 있었다.

답:

참조: They were looking everywhere to find a new principal.

38. Cast pearls before swine. n. Literary. To waste good acts or valuable things on someone who won't understand or be handful for them.(돼지에게 진주를 던지다).

39. Cast the first stone. V. Phr. To be the first to blame someone; lead accusers against a wrong -doer.(먼저 비난하다)

영작: 비록 김군은 그 소녀가 부정한 짓을 하는 것을 보았으나, 그는 선두로 비난하는 것을 원하지 않았다.

답:

참조: He did not want to be the first to accuse her.

40. Catch -as- catch-can. Adj. Phr. Using amy means or method; unplanned; free.

(자유형 레슬링. 수난을 가리지 않는, 닥치는 대로의, 계획성 없는, 하루 벌어 하루 사는)

영작: 그는 자유형 레슬링의 숙달자이다.

답: He was an expert at catch-as -catch-can wrestling

영작: 그는 하루 벌어 하루 사는 (계획성 없는)생활을 영위해오고 있는 것 같이 보인다.

답:

참조: He lived freely without much care for his future.

41. Catch cold <u>or</u> take cold. V. Phr. a) To get a common old-weather sickness that causes a running nose. (감기 들다).

영작: 발을 젖게 하지 말라, 그렇지 않으면 당신은 감기에 걸릴 것이다.

답:

참조: Wear your rubbers in wet, cold weather or you may become sick.

b) To catch unprepared or not ready for a question or unexpected happening.

영작: 나는 과제물을 면밀하게 공부하지 않았다. 선생님의 질문이 나를 불시에 습격했다.

답:

참조: I was not ready for the question and could not answer.

42. Catch at. V. To try to catch suddenly; grab for; to size quickly.(〈기회, 제안〉 따위에 덤벼들다).

영작: 배고픈 남자는 샌드위치를 재빨리 움켜잡고 먹기 시작했다.

답:

참조: He quickly seized the sandwich when it was offered.

영작: 김군은 돕고자하는 이군의 제안을 덥석 받아들였다.

답:

참조: Bill offered to help and Joe quickly accepted.

43. Catch it <u>or</u> get it. V. Phr. To scolded or punished. (타격, 비난을)받다. 꾸지람을 듣다. 벌을 받다).

영작: 당신은 상사로부터 꾸지람을 들을 것이다.

답:

영작: 김군이 저녁식사에 늦게 집에 왔을 때 그는 야단맞을 것을 알고 있었다.

답:

참조: He knew he would get a scolding when he arrived late for supper.

44. Catch on. V.

a) To understand; learn about.(〈일 자리를〉 얻다. 고용되다. 〈일 따위를〉 익히다, 터득하다).

영작: 당신은 이곳에서 잠시 근무한 이후에, 당신은 일을 터득할 것이다.

답:

참조: You'll get the idea of how to do the job.

영작: 그 노래는 빠르게 유행되었다.

답:

영작: 그는 이해가 더디다.

답:

b) To become a popular; be done or used by many people.(인기를 얻다, 유행하다).
영작: 그 노래는 인기를 얻었고 그리고 어느 곳에서나 연주가 되었다.
답:
참조: The song was liked by many people.

45. Catch one's breath. V. Phr. a) To breath in suddenly with fear or surprise.(놀라서 숨을 죽이다, 헐떡거리다)
영작: 경치의 아름다움이 그를 놀라게 하여 그의 숨을 죽이게 만들었다.
답:
참조: The beauty of the scene surprised him and he took a quick breath.

b) To rest and get back your normal breathing.
영작: 버스 정거장까지 달린 후, 우리는 숨을 고르기 위하여 앉았다.
답:
참조: We stopped until our hard breathing had showed down to normal.

46. Catch one's eye. V. Phr. To attract your attention.(아무의 눈을 끌다; 아무와 시선이 마주치다).
영작: 그녀가 상점을 지나갔을 때 쇼윈도의 원피스가 그녀의 시선을 끌었다.
답:
참조: The dress in the window attracted her attention.

47. Catch up. V. Phr.
a) To take or pick up suddenly; grab (something)(급히 들어 올리다).
영작: 그녀는 테이블로부터 책을 급히 집어 들고 방안을 뛰쳐나갔다.
답:
참조: She grabbed the book and ran out of the room.

b) To go fast enough or do enough so as not to be behind.
영작: 김군은 열심히 달려 그의 친구들을 따라 잡으려고 노력했다.(〈아무를〉 따라 잡다, 뒤지지 않고 따라가다.
답:

참조: He ran so that he could be with him.

영작: 메리는 2주간 학교를 결석했다; 그녀는 그녀의 수업을 따라 가기 위하여 열심히 공부해야 한다.

답:

참조: She is behind in her studies.

영작: 그는 수뢰 의혹 사건에 휘말려들었다. (수동태로 (〈범죄, 전쟁 등에〉 휘말려들다).

답:

48. Catch with one's pants down. V. Phr. To surprise someone in an embarrassing position or guilty act. (아무에게 창피를 주다, 아무를 불의에 습격하다).

영작: 그들은 강도짓을 성공적으로 수행했다고 생각했으나, 그들은 불의의 습격을 받았다.

답:

참조: They thought they could succeed in the robbery, but the police caught them when they broke into the store.

49. Cathouse. N. Slang. (매춘, 매음굴) **A house of ill repute, a house of prostitution.**

영작: 마사지 팔러들은 대개가 매춘녀들이다.

답:

참조: Massage parlors are really house of prostitution.

50. Cave in. V.

a) To fall or collapse inward.(함몰하다, 우그러뜨렸다, 양보, 굴복, 할복하다).

영작: 탄광촌이 함몰하여 3명의 광부가 매몰되었다.

답:

참조: The roof of mine fell down and covered the miners.

b) To weaken and be forced to give up.

영작: 핵폭탄이 투하된 이후에, 일본은 항복하고 전쟁은 종료되었다.

답:

참조: Japan gave up fighting.

51. Chalk up. V. To write down as part of a score; record.(득점 등을 기록으로 적어두다, 기록하다).

영작: 점수 기록원은 홈팀을 위하여 1점을 더 추가 기록했다.

답:

참조: The scorekeeper added another point to the home team.

영작: 그것을 내 앞으로 치부해 놓게.

답:

52. Chance on <u>or</u> upon. V. Phr. To happen to find or meet; find <u>or</u> meet by accident. (우연히 만나다, 우연히 일어나다).

영작: 방학 중에 우리는 재미있는 고가구 상점을 발견하였다.

답:

참조: We happened to find a interesting antique store.

53. Change color. V. Phr. To become pale.(안색이 변하다, 빨개지다).

영작: 그 장면이 너무 무시무시했기 때문에 메리는 두려움으로 안색이 변했다.

답:

참조: Mary turned pale from fear of th horrible sight.

영작: 메리는 선생님이 그녀의 그림을 과찬 했을 때 얼굴을 붉혔다.

답:

참조: Mary blushed when the teacher praised her drawing.

영작: 나는 청바지로 갈아입었다.

답:

영작: 그는 만찬을 위해 옷을 갈아입고 있는 중이다.

답: He <u>is changing for</u> dinner.

영작: 나는 바꿔 입을 것을 가지고 있지 않다.

답:

54. Change off. V. To take turns doing something; alternate. (두 사람이 일 따위를) 교대하다.

영작: 박군과 심군은 자전거를 타기를 교대했다.

답:

참조: Park and Sim took turns riding the bicycle.

55. Charge account. N. Phr. An agreement with a store through which you can buy things and pay for them later. (외상거래 계정).

영작: 어머니는 그녀의 외상거래 계정으로 새 드레스를 구입했다.

답:

참조: She bought a new dress, to be paid for later.

56. Charge to. V. To place the blame on; make responsible for.(〈의무, 책임을〉지우다, 과하다. 〈죄 실태 따위를〉...에게 씌우다).

영작: 존은 상을 타는데 실패했다. 그러나 그는 그것을 그의 경험 부족으로 돌렸다.

답:

참조: John placed the blame for his failure on his lack of experience.

a) To buy something on the credit of. (청구하다, 물리다)

영작: 미스 김은 새 지갑을 샀고 그리고 그녀의 남편 앞으로 그것을 청구했다.

답:

참조: Mrs. Kim bought a new pocketbook, and had the bill sent to her husband.

영작: 그들은 나에게 이 책에 대해 10 달러를 요구했다.

답:

영작: 이것의 요금은 얼마입니까?

답:

57. Cheap skate. N. A selfish or stingy person; a person who will not spend much.(구두쇠, 노랑이).

영작: 소녀들 중의 어느 누구도 그와 함께 데이트를 나가는 것을 좋아하지 않았다. 왜냐하면 그는 인색한 사람이었기 때문이다.

답:

참조: Nobody likes to go out with him because he will not spend much.

58. Cheat on. V. Phr. To be unfaithful (to one's wife or husband, or to one's sweetheart or fiance). (부정을 저지르다).

영작: 김씨가 그의 부인에게 부정을 저지르고 있다는 소문이 떠돈다.

답:

참조: It is rumored that Kim is having an affair with another woman.

영작: 그의 아내는 그가 외유중에 부정을 저지르고 있었다.

답:

59. Check in. V. To sign your name(as at a hotel or convention) (호텔-공항에 도착하여)기장하다. 체크인하다.

영작: 호텔에 도착한 마지막 손님은 12시에 체크인 했다.

답:

참조: The last guest at the hotel signed their names in the hotel book at 12 o'clock.

영작: 코트는 휴대품 보관소에 보관해 주십시오.(맡기시오)

답:

60. Check off. V. To put a mark beside(the name of a person or thing on a list.(호텔-공항에 도착하여)기장하다. 체크인하다.

영작: 선생님은 버스에 오르자 각각의 학생들을 체크인 했다.

답:

참조: The teacher counted each pupil and put a check beside his name when he got on the bus.

61. Check on <u>or</u> check up on. V. To try to find out the truth or rightness of ; making sure of. (조사하다. 〈사람. 사물의 배경. 사실 관계. 진위등을〉 살펴보다. 검토〈대조〉하다).

영작: 우리는 그의 출생기록을 취득함으로써 김군의 나이를 살펴보았다.

답:

참조: We found out how old he really was.

62. Check out. V.

a) To pay hotel bill and leave. (〈호텔 등〉에서 체크 아웃하다. 〈계산을 마치고〉나오다).

영작: 마지막 손님이 아침에 그들의 방에 대한 계산을 마치고 나왔다.

답:

참조: The last guest paid their accounts and moved out of the hotel in the morning.

b) To get (something) after a record has been made of it.(도서관에서 책의)대출 절차를 밟다.

영작: 나는 도서관에서 책을 대출했다.

답:

63. Cheesecake. N. A showing of the legs of an attractive woman or a display of her breasts as in certain magazines, known as cheesecake magazines.(성적 매력을 강조한 누드 사진, 또 그 모델. 관능적인 섹시한).

64. Cheer up. V. To feel happy; stop being said or discouraged; become hopeful, joyous, or glad.(아무를 격려하다).

영작: 김씨는 사업을 실패했기 때문에 절망했으나, 그의 딸을 보자 그는 기분이 좋아졌다.

답:

참조: Kim was said when he lost the business, but just the sight of his daughter made him feel better.

영작: 기운을 내시오! 최악의 상황은 끝났습니다.

답:

참조: The worst is past.

영작: 우리는 아픈 친구를 위로하기 위하여 병원에 갔다.

답:

참조: We went to the hospital to make our sick friend happier.

65. Cherry farm. N. Slang. A correctional institution of minimal security where the inmates, mostly first offenders, work as farm hands. (교도서)

영작: 김군은 가벼운 징벌을 받았고 그리고 6개월간 교도소에 투옥되었다.

답:

참조: Mr. Kim has to work as a farm han at the penal institution for first offenders for half a year.

66. Chew out. v. Slang. To scold roughly.(호되게 꾸짖다. 호통치다.)

영작: 소년의 아버지는 밤늦게까지 머무른다고 그를 호통 치셨다.

답:

참조: The boy's father scolded him for staying up late.

67. Chew the fat <u>or</u> chew the rag. V. Phr. To talk together in an idle, friendly fashion. (지껄이다, 재잘거리다).

영작: 우리는 작업 후 만나곤 했다. 그리고 커피와 도넛을 먹으면서 재잘거렸다.

답:

참조: We used to talk together over the coffee and doughnuts after work.

68. Chicken feed. N. A very small sum of money. (잔돈. 싼 급료).

영작: 김군은 매우 열심히 일했다. 그러나 그는 싼 급료을 단지 지불 받았다.

답:

참조: He was paid very little money for the work he did.

69. Chicken-livered. Adj. Easily scared, cowardly. (겁쟁이).

영작: 분명히 김군은 겁쟁이 사내이다.

답:

참조: He certainly is a cowardly person.

70. Chicken out. V. Phr. To stop doing something because of fear. (겁을 먹고 (...에서) 물러서다, 손을 떼다, 내리다).

영작: 나는 비행 강좌를 이수하려고 결정했다. 그러나 강의가 시작되기 바로 전에 나는 겁을 먹고 취소했다.

답:

참조: I changed my mind in the last minute because of fear.

영작: 나는 그 계획을 취소했다.

답:

71. Chime in. V.

a) To join in. (조화되어 울려 퍼지다. 조화하다. 일치하다. 〈노래 따위에〉 맞추다. 맞도록 하다).(〈이야기 따위에〉 끼어들다)

영작: 모든 그룹이 합창으로 조화되어 울려 퍼졌다.

답:

참조: The whole group joined in singing the chorus.

영작: 논쟁이 뜨거워지자, 김군은 끼어들었다.

답:

참조:When the argument got hot, John joined in it.

b) To agree; go well together.

영작: 김군은 행복했고 그리고 축제의 음악은 그의 기분과 일치했다.

답:

참조: The holiday music agreed with Kim's happiness.

72. Chip in <u>or</u> kick in. V. To give together with others; contribute.(〈돈〉을 기부하다. 배당된 돈을 내다.〈사업 따위에〉기부하다, 돈을 내다, 〈논쟁, 이야기에〉 말참견하다, 끼어들다).

영작: 화재이후 모든 이웃들은 돕기 위하여 돈을 기부했다.

답:

참조: All the neighbors contributed to help the people who had a fire.

영작: 이군은 농구 게임에서 10점을 달성했다.

답:

참조: Lee scored ten of his team's points.

영작: 이군은 말을 많이 하지 않았으나 몇 마디 끼어들었다.

답:

참조: Joe talked a little.

73. Chip one's shoulder. N. Phr. A quarrelsome nature, readiness to be angered. (시비조; 원한〈불만〉을 지님. 화를 잘내다. 걸핏하면 싸우려고 덤비다).

영작: 그는 불만을 품고 인생을 견뎌냈다.

답:

참조: All his life he was too sensitive and ready to get upset and angry.

영작: 김군은 자주 싸움에 말려들곤 한다. 왜냐하면 그는 시비조로 교제하기 때문이다.

답:

참조: He thinks everyone is trying to boss or cheat or insult him.

74. Choke off. V. To put a sudden end to; stop abruptly or forcefully. (《목을 졸라 비명 따위를》지르지 못하게 하다. 침묵시키다. 〈토론 등을〉중지시키다).

영작: 회의가 거의 종결될 시간이었다. 그리고 회장은 논쟁을 중지시키기 위하여 조치를 강구해야만 했다.

답:

참조: The president officer had to act quickly to stop debate_completely.

75. Chow line. N. A line of people waiting for food.(《군대 등에서》 급식 받기 위해 선 줄).

영작: 김군이 식당 안으로 들어갔을 때 급식 줄은 이미 길었다.

답:

참조: The line of people waiting for food was already.

영작: 군인들은 쟁반을 집어 들고 급식 줄로 들어갔다.

답:

참조: The soldiers picked up trays and got into the line waiting for food.

76. Claim check. N. A ticket needed to get back something. (《옷, 주차장 따위의》 번호표, 보관증, 예탁표, 상환권).

영작: 그 남자는 메리에게 그 사진은 금요일까지 완성 될 것이라고 말했고 그리고 그녀에게 보관증을 주었다.

답:

참조: The man told Mary the picture would be ready Friday and gave her a ticket to get them back.

77. Clam down. V. To put on strick controls; enforce rules or laws. (엄중 단속하다, 탄압하다).

영작: 학교는 금연을 엄중 단속했다.

답:

참조: The school limited smoking strictly.

78. Clam up. V. To refuse to say something more; stop talking.(〈상대의 질문에 대해〉 입을 다물고 있다, 침묵을 지키다, 묵비하다).

영작: 혐의자는 입을 다물고 있었다. 경찰은 더 이상 어떤 정보도 획득 할 수 없었다.

답:

참조: The suspect would not give the police more information.

79. Clean bill of health. N. Phr. A certificate that a person or animal has on infectious disease.(건강 보증서, 적격 증명서, 보증서).

영작: 그가 그 나라를 입국할 때 관할 구역의사는 김군에게 건강 보증서를 주었다.

답:

참조: He wrote that Jones had no infectious disease.

80. Clean hands. N. Phr. Freedom from guilt or dishonesty; innocence.(〈금전문제, 선거에 대해〉 정직, 결백, 무죄).

영작: 김은 열악한 이웃에서 성장했으나, 그는 정직하게 성장했다.

답:

참조: John grew up in a bad neighborhood, but he grew up without doing anything wrong.

81. Clean out. V. To take everything from; empty; strip. (깨끗이 청소하다, 치우다, 비우다, 〈도박에서〉 아무를 빈털터리로 만들다, 〈돈을〉 털어 먹다).

영작: 김군의 친구들은 어제 밤에 카드놀이를 했을 때, 그들이 그를 빈털터리로 만들었다.

답:

참조: Kim's friends won all his money playing cards.

82. Clear out. V. To take everything out of; empty.(〈...의〉속을 비우다).

영작: 김군이 다른 강의로 이동할 때 그의 책상을 비웠다.

답:

참조: He took everything out and left the desk empty.

83. Clear up. V. a)To make plain or clear; explain. (〈물건을〉 깨끗이 치우다, 정돈하다, 〈문제, 오해, 의문을〉 풀다).

영작: 우리가 아마도 당신의 문제를 해결할 수도 있다.

답:

참조: Maybe we can solve your problem.

b) To put back into a normal, proper, or healthy state.(〈병 따위를 고치다, 낫게 하다).

영작: 의사는 당신의 피부를 치료하기 위하여 당신에게 무엇인가를 줄 것이다.

답: .

참조: The doctor can give you something to bring your skin back to its norman healthy condition.

c) To become cured. (〈병 따위가〉 치유되다, 낫다).

영작: 피부 트러블은 하루나 이틀 내에 치유될 것이다.

답:

참조: This trouble will go away in a day or two.

84. Cliffdweller. N. A city person who lives on a very high floor in an apartment building. (고층 아파트 주민)

85. <u>Cliffhanger.</u> N. (〈영화, 텔레비전, 소설 따위의〉 연속 모험물, 스릴 만섬(파란만상)의 영화, 마지막 순간까지 손에 땀을 쥐게 하는 것).

A sports event or a movie in which the outcome is uncertain to the very end keeping the spectators in great suspense and excitement.

86. Clip joint. N. Slang. A low-class night club or other business where people are cheated. (〈바가지 씌우는〉 하급의 카바레〈나이트클럽, 식당, 상점〉

영작: 김은 만취했고 그리고 그는 나이트클럽에서 그의 모든 돈을 잃어버렸다.

답:

참조: Kim got drunk and was cheated of all his money in a low-class night club.

87. Clinging vine. N. A very dependent woman; a woman who needs much love and encouragement from a man. (남자에게만 의지하는 여자).

영작: 메리는 매우 의존적인 여성이다; 그녀는 그녀의 남편 없이는 아무것도 못한다.

답:

참조: Mary depends on her husband more than is normal.

88. Clock watcher. N. A worker who always quits at once when it is time; a man who is a hurry to leave his job.(〈일〉)나는 시간에만 마음을 쓰는 직장인(학생), 태만한 사람).

영작: 김군이 그의 첫 직장을 구했을 때, 그의 아버지가 그에게 열심히 일하라고 말씀하셨고 그리고 태만한 사람이 되지 말라고 말씀하셨다.

답:

참조: His father told him to not think too much about time to quit.

89. Closed-door. N. Away from the public ; in private or in secret. (비밀의, 비공개의).

영작: 그 위원회는 조사를 실시하기 위하여 비공개 규칙을 결정했다.

답:

참조: The committee decided not to allow the public in during the investigation.

90. Closed book. N. Away from the public; in private or in secret; limited to a few. (불가해한 일, 까닭을 알 수 없는 일, 분명치 않은 일(to).

영작: 그 남자의 초기의 삶은 분명하지가 않다.

답:

참조: The man's early life is a secret.

영작: 이 도시의 역사는 불가해한 일이다.

답:

참조: The history of the town is not known.

91. Close out. V. Phr. To sell the whole; end (a business) by selling all the goods. (〈싸게 재고품〉을 팔아 치우다, 떨이로 팔다, 최종적으로 ...을 마무리 짖다.) 처리〈정리〉하다).

영작: 김은 그의 야채상점을 팔아 치웠다.

답:

참조: Kim sold all his grocery stock and went out of business.

92. Coffee break. N. A short recess or time out from work in which to rest and drink coffee. (오전, 오후의 커피 마시는 시간).

영작: 사무실에 있는 소녀들은 오전 중간쯤에 커피 마시는 시간을 갖는다.

답:

93. Coffee hour. N. A time for coffee or other refreshments after a meeting; a time to meet people and have refreshments.(〈특히 정례의〉 딱딱하지 않은 다과회).

94. Cold comfort. N. Something that makes a person in trouble feel very little better or even worse. (달갑지 않은 위로나 〈충고〉).

영작: 메리는 그녀의 휴가를 병환으로 인하여 침대에서 보냈다. 그리고 제인의 여행에 관한 편지는 달갑지 않은 위로였다.

답:

참조: Jane's letter did not cheer Mary up; it made her more unhappy.

95. Cold fish. N. A queer person; a person who is unfriendly or does not mix with others. (쌀쌀한 사람).

영작: 어느 누구도 새 의사를 모른다; 그는 쌀쌀한 사람이다.

답:

참조: The new doctor is unfriendly and does not mix with others.

96. Cold feet. N. Phr. A loss of courage or nerve; a failure or loss of confidence.(겁내는 모양, 도망칠 자세).

영작: 김군은 메리에게 그와 함께 춤추러 가자고 요청하려고 했으나 그는 겁을 먹고 그렇게 하지 못했다.

답:

참조: He lost his nerve and didn't ask Mary to dance with him.

97. **Cold—shoulder. V. To act towards a person with dislike or scorn; be unfriendly to.**(냉대, 무시): **show, give, turn (the cold- shoulder to a person;** 아무에게 냉담〈무정〉하게 대하다).

영작: 그들이 길을 지나가고 있을 때 김군은 그의 친구들에게 냉담하게 대했다.

답:

참조: Kim pretended not to see his old friend.

b) Unfriendly treatment of a person. N. (냉대, 무시)

영작: 밥이 메리에게 데이트 신청을 했을 때 그녀는 그에게 냉담하게 대했다.

답:

참조: When Bob asked Mary for a date she didn't even answer him and turned her back on him.

98. **Come about. V. To take place; happen; occur.**(〈일이〉일어나다, 생기다).

영작: 어떻게 다툼이 발생하는 가를 말한다는 것은 때때로 어려운 일이다.

답:

참조: You cann't always be sure what causes a quarrel.

99. **Come across <u>or</u> Run across. V. To find or meet by chances.**(〈물건, 사람을〉 뜻밖에 만나다. 우연히 발견하다, 〈생각 따위가〉 떠오르다)

영작: 세탁소에 보내려는 양복 안에서 그는 1달러를 우연히 발견했다.

답:

참조: He found a dollar bill that he had forgotten.

100. **Come alive. V.**

a) To become alert or attentive; wake up and look alive. (활발해지다, 흥미를 〈관심을〉 갖게 되다, 〈그림 따위가〉 진짜로 보이다.

영작: 심양이 돈에 관한 언급을 했을 때, 소년들은 활기를 띄었다.

답:

참조: The boys shows interest.

b) To look real; take on a bright, natural look.

영작: 예술가의 작업으로 대통령은 초상화에서 실물같이 보였다.

답:

참조: The painting made it seem that the President was right there.

101. Collector's item. N. Something rare or valuable enough to collect or save.(수집가의 흥미를 끄는 물건, 일품).

영작: 김군의 어머니는 수집가의 흥미를 끄는 물건으로 판명된 오래된 나무로 만든 인형을 고미다락에서 발견했다.

답:

참조: She found an old doll of a rare kind that doll collectors wanted.

102. Come along. V. To make progress; improve; succeed.(숙달하다, 성공하다, 〈건강이〉 좋아지다; 〈일 등이 잘〉 진행되다〈해나가다〉)

영작: 그는 수술이후에 건강이 호전되고 있었다.

답:

참조: He was doing well after the operation.

영작: 연구(공부)가 잘 진행되고 있느냐?

답:

103. Come a long way. V. Phr. To show much improvement ; make great progress.(크게 진보〈향상〉하다, 〈건강이〉 아주 좋아지다).

영작: 이 학교는 설립 이래로 커다란 발전을 이룩하고 있다.

답:

참조: It has made great progress. It has more buildings, more students and better teaching.

104. Come apart at the seams. V. Phr. To become upset to the point where one loses self-control and composure as if having suffered a sudden nervous breakdown.(〈계획 등이〉 실패로 돌아가다, 결딴나다, 쇠약해지다, 건강이 나빠지다)

영작: 이혼 이후에 김은 실패한 사람같이 보였다.

답:

참조: Kim's divorce upset him so much that he was no longer in control of himself.

105. Come at. V. To understand (a word or idea) or master a skill.(...에 이르다,...을 얻다, ...을 알게 되다, 〈사람에게〉 다가가다〈오다〉).

영작: 친근하지 않은 단어의 감각은 이해하기가 어렵다.

답:

참조: The meaning of a new word is often hard to understand.

106. Come between. V. To part; separate. (...사이를 이간하다.)

영작: 김씨의 장모는 그의 집에 살기 위하여 오셨다. 그리고 시간이 흐르자 그녀는 그와 그의 부인 사이를 이간하였다.

답:

참조: Kim's mother-in-law caused trouble between him and his wife that broke up his marriage.

107. Come back. V. To reply; answer. (돌아오다, 〈원상태〉로 복귀하다, 회복하다, 보복하다(at).

영작: 판사는 그의 고객의 변호를 예리하게 대답했다.

답:

참조: The lawyer answered sharply in defense of the man that he was acting for.

b) to get a former place or position back; reach again a place which you have lost.

영작: 그녀의 아이를 갖기 위하여 1년을 휴식한 이후에, 그 가수는 훨씬 더 커다란 명성을 회복했다.

답:

참조: She returned to the stage and gained even greater honors.

영작: 그는 심한 언사로 나를 응징했다.

답:

108. Come by. V. To get; obtain; acquire.(..의 곁을 지나다; 상처 등을 입다, ...을 손에 넣다).

영작: 그와 같은 좋은 직장은 손에 넣기 어렵다.

답:

참조: A good job like that is hard to get.

영작: 어떻게 그녀가 그 돈을 획득하게 되었을까?

답:

참조: How did she get that money?

109. Come clean. V. To tell all; tell the whole story; confess.(자백하다, 실토하다).

영작: 시계를 훔쳤다고 혐의를 받고 있는 그 소년은 오랜 동안 심문 이후에 자백하였다.

답:

참조: He confessed everything after long questioning.

110. Come down hard on. V. a)To scold or punish strongly.(을 급습하다; ...을 호되게 꾸짖다, ...에 반대하다).

영작: 교장은 창문을 부순 소년들을 호되게 꾸짖었다.

답:

참조: He scolded them hard.

b) To oppose strongly.

영작: 신부는 설교에서 음주를 호되게 반대했다.

답:

참조: He was very much against drinking liquor.

111. Come down with. V. To become sick with; catch. (병에 걸리다).

영작: 빗속에 노출된 이후에 김군은 감기에 걸렸다.

답:

참조: Kim caught a cold.

112. Come in for. V. To receive. (〈몫, 재산 따위〉를 받다, 〈칭찬, 비난 따위〉를 받다; ...에 쓸모가 있다).

영작: 그의 아저씨가 사망했을 때 그는 약간의 재산을 상속받았다.

답:

참조: He got a lot of money when his uncle died.

113. Come in. V.

a) finish in a sports contest or other competition.(...〈등으로〉 결승점에 들어오다, 입상하다).

영작: 그는 1000야드 단거리 경주에서 2등으로 결승점에 들어왔다.

답:

참조: He took second place in the hundred-yard run.

b) To become the fashion; begin to be used.(유행되기 시작하다).

영작: 남성들을 위한 수영 바지는 1차 세계대전 이후에 유행하였다: 그 이전에는 모든 남성들은 전신 수영복을 사용했다.

답:

114. Come in handy. V. Phr. To prove useful.(소용〈있게〉되다)

영작: 그가 고등학교에서 배운 러시아어는 그가 러시아에 체류할 때 유용하였다.

답:

참조: He found his knowledge of Russian a useful thing.

115. Come into. V. To receive, especially after another's death; get possession of. (..에 들어오다, ...에 들어가다: 태어나다, 〈재산 따위를〉 물려받다).

영작: 그의 아버님이 사망하셨을 때 그는 거액을 상속받았다.

답:

참조: He inherited a lot of money when his father died.

116. Come into one's own. V. Phr. To receive the wealth or respect that you should have.(당연히 받을 만한 것을 받다.〈재산, 명예〉)

영작: 김군의 아버지는 돌아가셨고 그리고 그에게 백 만 불을 남겨 놓았다. 김군이 21살이 되면, 그는 그 돈을 자신의 명의로 되돌릴 수 있다.

답:

참조: He inherited a lot of money when his father died.

117. Come off. V.

a) To take place; happen.(〈결혼식 따위가〉행해지다; 실현되다, 성공하다).

영작: 소풍은 두 번이 연기된 이후에, 마침내 성사되었다.

답:

참조: The picnic was finally held, after being put off twice.

b) To do well; succeed.

영작: 말다툼하는 부부들을 화해시키려는 시도는 또 성공하였다.

답:

참조: The effort to settle the quarrel of the two succeeded, although people had not expected it would.

118. Come off it <u>also</u> get off it. V. Phr. Slang. Stop pretending; bragging, or kidding; stop being silly. (허세, 〈객쩍은 소리 따위를〉 그만두다).

영작: 박군은 자신 소유의 자동차를 갖고 있다고 말했다. "그러자 박군은 허세부리지 마" "너는 운전도 못하면서"라고 심군은 말했다.

답:

참조: Mr. Park said he owned his car, but Mr. Sim told him to stop trying to fool him.

119. Come on. V. <u>or</u> come upon.

a) To begin; appear.(다가오다;〈밤, 겨울 따위가〉오다, 시작되다: 〈비 따위가〉내리기 시작하다).

영작: 비가 정오 무렵에 내리기 시작하였다.

답:

참조: Rain began just before noon.

b) To meet accidently; encounter; find.(뜻밖에 만나다, 발견하다)

영작: 그는 불란서 혁명에 관한 독서 중에 재미있는 생각이 떠올랐다.

답:

참조: He found an interesting idea in reading about the French Revolution.

c) informal. Let's get started; let's get going; don't delay; don't wait.(〈명령형〉 오시오, 이리와, 자 오라; 자아 〈재촉할 때〉

영작: "자, 이제 출발하자 그렇지 않으면, 늦을 거야"라고 조군이 말했다. 그러나 김군은 아직도 기다리고 있었다.
답:

d) Used in begging someone to do something.
영작: 우리를 위해 노래 한 곡만 불러봐, 제인아, 제발!
답:
영작: 제발, 제인, 너는 나에게 이야기 할 수 있어. 나는 어느 누구에게도 말하지 않을꺼야.
답:

120. Come one's way. V. Phr. To be experienced by someone; happen to you. (...의 수중에 떨어지다, 손에 들어오다; ...에게 내리다〈일어나다〉).
영작: 나는 불운이 우리에게 발생하지 않을 것을 고대한다.
답:
참조: I hope we are not going to experienced bad luck.

121. Come on strong. V. Phr. To overwhelm a weaker person with excessively strong language, personality, or mannerisms; to insist extremely strongly and claim something with unusual vigor. (강인한〈개성이 강한〉인상을 주다, 〈너무〉 강하게 자기주장을 하다.
영작: 조군은 어제 밤에 전쟁에 관하여 강하게 자기주장을 펼쳤다: 우리의 대부분은 당혹감을 느꼈다.
답:
참조: He made his points so vigorously that it was embarrassing.

122. Come out. V. Of a girl: To be formally introduced to polite society at about age eighteen, usually at a party; begin to go to big party. (〈밖으로〉나가다; 사교계에 처음으로 나가다, 첫무대에 서다). **In society, girls come out when they reach the age of about eighteen, and usually it is at big party in their honor; after that they are looked on as adults.**
영작: 이양은 합동 파티에 그녀의 사촌과 함께 처음으로 나갔다.
답:

b) To be published.

영작: 그 책은 2주 전에 출판되었다.

답:

c) To announce support or opposition; declare yourself (for or against a person or thing)(찬성하다(for), 반대하다(against).

영작: 많은 의원들은 그 법안에 반대하였다.

답:

참조: Many Congressmen announced they were against the proposed law.

d) To end; result. (〈결과가〉..이 되다)

영작: 그 이야기는 어떻게 결말이 났니?

답:

참조: How did the story end?

영작: 우리가 희망했듯이 그 게임은 승리로 끝났다.

답:

참조: The game ended in victory for our team.

123. Come out with. V. Phr. To make a public announcement of; make known. (...을 보여주다;...을 입 밖에 내다, ...을 공표하다).

영작: 그는 그의 원칙들에 관하여 분명한 선언을 공표하였다.

답:

참조: He made known his ideas and beliefs.

124. Come over. V. To take control of ; cause sudden strong feeling in; happen to. (..을 건너오다; 멀리서 이주해 오다, 갑자기 〈어떤 기분 따위로〉바뀌다). 〈감정, 구역질〉이 엄습하다).

영작: 갑작스러운 분노의 발작이 그를 엄습했다.

답:

참조: A sudden feeling of anger seized him.

125. Come round <u>or</u> around. V.

a) To happen or a appear again and again in regular order.(〈돌아〉오다, 훌쩍 오다; 〈정기적으로〉일어나다)

영작: 그가 다시 돌아올 때 나는 그에게 이야기 할 것이다.

답:

참조: I will tell him when he appears again.

b) To get back health or knowledge of things; get back health or a faint. (시초로 〈근본으로〉 되돌아가다; 의식을 회복하다; 기운〈기분〉을 되찾다).

영작: 어떤 사람이 후자극제를 가지고 왔고 그리고 메리는 의식을 곧 회복했다.

답:

참조: Mary woke from her faint when someone let her smell a strong chemical.

c) To change your opinion or purpose to agree with another's.

영작:(〈다른 의견, 입장으로〉바꾸다).

영작: 탐은 딕이 그에게 모든 이야기를·털어놓았을 때 입장을 바꾸었다.

답:

참조: Tom changed his idea and agreed with the others instead of opposing them.

126. Come through. V. Informal. To be equal to the demand; meet trouble or a sudden need with success. (해내다, 성공하다, 요구에 응하다, 긴급함을 해결하다, 제공하다, 〈돈을〉 치르다).

영작: 김군은 대학을 들어가기 위해 돈이 필요했고 그리고 그의 아버지가 해결해주었다.

답:

참조: Mr. Kim needed help and his father got money for college.

127. Come to. V.

a) To wake up after losing consciousness; get the use of your senses back again after fainting or being knocked out.(의식을 되찾다, 제정신 들다).

영작: 그녀는 상점에서 실신(기절)했다. 그리고 그녀가 의식을 되찾았을 때 응급실에 있음을 알아차렸다.

답:

참조: She was in the first aid room when she woke up from her faint.

b) To get enough familiarity; learn to.

영작: 박군은 처음에는 이기적이었으나 다른 사람들도 역시 중요하다는 것을 그는 깨닫게 되었다.

답:

128. Come to grief. V. Phr. To have a bad accident or disappointment; meet trouble or ruin. (재난,〈불행〉을 당하다; 다치다; 〈계획이〉 실패하다).

영작: 김군은 차를 운전하는 것을 배우면서 불행을 당했다.

답:

129. Come to grips with. V. Phr.

a) To get hold of in close (another wrestler) in close fighting. (〈레슬러가〉서로 맞붙다; 이해하게 되다(with); 꾸준히 노력하다).

영작: 두 명의 레슬러가 서로 맞붙었다.

답:

참조: They began fight seriously.

b) To struggle seriously with (an idea or problem.)

영작: 김 교수의 가르침은 역사 강의에서 중요한 사상들을 이해하는데 학생들을 도와준다.

답:

참조: He helps them think seriously about the big ideas.

130. Come to nothing <u>also</u> come to naught. V. Phr. To end in failure; fail; be in vain. (무위로 되다, 실패로 끝나다, 수포로 돌아가다).

영작: 나무를 기어오르려는 개의 시도는 수포로 돌아갔다.

답:

참조: The dog could only jump up. He could not climb the tree like a cat.

131. Come to one's senses. V. Phr. Become conscious again; wake up. (의식을 되찾다; 살아나다. 본심으로 되돌아오다).

영작: 복서는 의식을 잃었고 그리고 몇 분간 의식을 회복하지 못했다.

답:

참조: The boxer did not wake up for several minutes.

132. Come to pass. V. Phr. Literary. To happen; occur.(《일이 일어나다; 실현되다).

영작: 성공에 대한 그의 희망들은 실현되지 않았다.

답:

참조: He hoped to succeed, but not to come to pass.

133. Come to terms. V. Phr. To reach an agreement; settle an argument. (타협하다, 타협이 이루어지다, 〈사태 등을〉 감수하다).

영작: 소년들은 축구 혹은 농구 게임을 할 것 인지에 관하여 논쟁을 했다. 그러나 그들은 투표로 농구 게임을 할 것을 마침내 타협했다.

답:

참조: A vote settled the argument.

134. Come to the point <u>or</u> get to the point. V. Phr. To talk about the important thing; reach the important facts of the matter; reach the central question or fact.(막상 ... 할 때가 되다; 요점에 언급하다).

영작: 김군은 수많은 역사와 설명을 제공하였다. 그러나 그의 아버지는 그에게 요점을 언급하라고 요청하였다.

답:

참조: Kim was telling about everything that led to his trouble, but his father asked him to just tell what the matter was.

135. Come to think of it. V. Phr. As I think again; really.(생각해 보니; 참으로).

영작: 생각해 보니, 나는 딸에게 오늘 편지를 써야만 한다.

답:

참조: I Had forgotter, but really I should write her.

136. Come true. To really happen; change from a dream or a plan into a fact. (사실로 되다; 〈예언 등이〉 적중하다).

영작: 계획과 절약이 수년동안 걸렸으나, 그들의 원양 항로 휴가는 마침내 실현되었다.

답:

참조: After years of saving, their sea trip became a reality.

영작: 그가 대통령을 조우했을 때, 꿈은 사실로 실현되었다.

답:

참조: Meeting the President made his dream become true.

영작: 100살까지 살려는 그의 소원은 실현되지 않았다.

답:

참조: He died before he was 100.

137. Come up. V. To become a subject for discussion or decision to talk about or decide about. (〈화제에〉 떠오르다, 〈수면 따위에〉 떠오르다).

영작: 임금인상에 대한 질문은 중역 회의에서 떠올랐다.

답:

참조: Pay raises were among the things the board members talked about.

138. Come up in the world <u>or</u> rise in the world. To gain success, wealth, or importance in life.; rise to a position of greater wealth or importance.(출세하다).

139. Come what may adv, phr. Even if troubles come; no matter what happens; in spite of opposition or mischance.(어떠한 일이 일어날지라도)

영작: 어떤 난관이 있더라도, 김군은 대학에 가기로 결정했다.

답:

참조: He says he will get a college education, no matter what happens.

영작: 편집자는 어떤 일이 있더라도, 이번 주에 학교 서류를 출판할 것이라고 말했다.

답:

참조: We will print the paper this week even if we have all kinds of trouble.

140. Common ground. N. Shared beliefs, interests, or ways of understanding; ways in which people are alike.(〈이익 상호 이해 등의〉 공통되는 바탕, 견해의 일치점).

영작: 밥과 후렝크는 서로 좋아하지 않는다. 왜냐하면 그들은 공통점이 없기 때문이다.

답:

참조: Bob and Frank don't like or believe the same things.

141. Common touch. N. The ability to be a friend of the people.(사람들에게 호감을 주는 성질〈재능〉, 붙임성, 서민성).

영작: 투표자들은 붙임성을 갖고 있는 후보자를 좋아한다.

답:

참조: People like a man who is a friend of the people.

142. Compare notes. V. Phr. To exchange thoughts or ideas about something; discuss together.(의견을 〈정보를〉 교환하다).

영작: 어머니와 미스에스 김은 요리에 관하여 정보를 교환하는 것을 좋아한다.

답:

참조: They talk about the ways they cook and how they are the same or different.

143. Company man. N. Informal. A worker who always agrees with management rather than labor.(〈쟁의 때의〉 회사 측 〈앞잡이〉 종업원, 〈회사 측의〉 끄나풀).

영작: 조씨는 회사 측 앞잡이였고 그리고 파업에 참가하는 것을 거부했다.

답:

참조: He agreed with management rather than labor and stayed on the job when his fellow workers walked out.

144. Conversation piece. N. Something that interests people and makes them talk about it. (화제가 되는 물건〈진귀한 가구, 장식품 따위〉).

영작: 이씨 아저씨는 그의 피아노 위에 유리로 만든 다람쥐 갖고 있고 그는 그것을 진귀한 장식품으로 간직하고 있다.

답:

참조: Uncle Lee keeps the glass monkey where people can see it and will laugh and talk about it.

145. Cook up. V. To plan and put together; make up ; invent. (조작, 날조하다)

영작: 소년들은 학교를 결석한 그들의 이유를 설명하기 위한 핑계를 날조했다.

답:

참조: The boys made up an excuse to explain why they were absent from school.

146. Cool as a cucumber. Adj. Phr. Very calm and brave; not nervous, worried. (아주 냉정한(침착한).

영작: 빌은, 항상 아주 침착한, 훌륭한 축구 쿼턱백이다.

답:

참조: He never gets nervous or excited.

147. Cool down <u>or</u> cool off. V. To lose or cause to lose the heat of any deep feeling (as love, enthusiasm, or anger); make or become calm, cooled or indifferent. (진정시키다, 가라앉히다, 냉정해지다).

영작: 가열된 논쟁은 만약 양쪽 진영이 먼저 냉정해 진다면 더 바람직하게 해결될 수 있다.

답:

참조: If two angry people let their feelings quiet down, they can usually their quarrel better.

148. Copout. Of not committing oneself. (회피하는 것〈사람〉 변절자, 〈비겁한〉 도피, 타협).

149. Couch doctor. N. Colloquial. A psychoanalyst who puts his patients on a couch following the practice established by Sigmund Freud. (정신병 의사)

영작: 나는 당신의 남편이 정신과 의사였는지 몰랐다. 나는 그가 부인과 의사였다고 생각했다.

답:

참조: He was a psychiatrist.

150. Cough up. V. Slang. a) To give (money) unwillingly; pay with an great effort. (〈돈, 정보 등을〉 마지못해 〈겨우〉건네다. 지불하다).

영작: 그녀의 남편은 파티를 위하여 마지못해 돈을 지불했다.

답:

참조: He paid for the party unwillingly.

b) To tell what was secret; make known.

영작: 그는 경찰을 위하여 모든 이야기를 폭로(자백)하였다.

답:

참조: He told the whole story to the police.

151. Countdown. N. Space English. A step -by-step progress which leads to the launching of a rocket.(〈로켓 발사 때 등의〉 초읽기; 〈중대 계획의〉 최후 점검).

152. Count heads or count noses. To count the number of people in a group. (〈출석자, 찬부 따위의〉 머릿수〈인원수〉를 세다).

영작: 반 소풍에서, 우리는 출발 전에 인원수를 세었고 그리고 우리가 도착했을 때 어느 누구도 길을 잃지 않았나를 확인했다.

답:

참조: We counted the number in the group to make sure we were keeping together.

153. Count off. V. To count aloud from one end of a line of men to the other, each man counting in turn. (〈군대 따위에서〉 번호를 붙이다; 세어서 따로 하다).

영작: 군인들은 오른쪽으로부터 왼쪽으로 번호를 붙였다.

답:

참조: The first soldier shouted "one," the second "two," and so on to the end of the line.

154. Count on. V. To depend on; rely on; trust. (의지하다, 기대하다).

영작: 그 팀은 경주를 이기기 위하여 김군에게 기대하고 있었다.

답: The team was counting on Kim to win the race.

참조:

영작: 그 회사는 김군의 올바른 결정들을 내리는 것을 기대하고 있었다.

답:

참조: The trusted Kim to decide right.

155. Count out. V.

a) To leave(someone) out of a plan; not expect(someone) to share in an activity; exclude. (〈하나하나 세어서〉 세어서 꺼내다, 제외하다; 따돌리다).

영작: 이 파티는 상당한 비용이 들 것이지? 만약에 그렇다면, 나를 제외 시켜라, 왜냐하면 나는 파산했으니까."

답:

참조: If the party will cost something, leave me out, because I have no money.

b) To count out loud, (especially the beats in a measure of music).

영작: 음악 선생님은 "하나–둘–셋" 하고 박자를 크게 세었다, 그리고 음악수업은 박자에 맞춰 노래했다.

답:

참조: The music teacher counted the beats of the music.

156. Count to ten. V. Phr. To count from one to ten so you will have time to calm down or get control of yourself. (마음을 가라앉히려고 열을 세다).

영작: 우리가 화가 났을 때 어떤 조치를 취하기 전에 마음을 진정시키라고 항상 아버지는 우리에게 말씀하셨다.

답:

참조: Father meant for us to wait a little while and calm down so we would not do anything foolish.

157. Covered–dish supper <u>or</u> potluck supper. A meal to which each guest brings a share of the food. (각자 음식을 지참하는 회식).

영작: 나는 각자 음식을 지참하는 저녁회식을 위하여 한국 불고기를 만들었다.

답:

158. **Cozy up. V. To try to be close or friendly; try to be liked—used with <u>to</u>.** (..와 친해지려고 〈가까워지려고〉하가, ...의 마음에 들고자한다).

영작: 존은 헨리의 마음에 들고자 노력함으로써 그는 클럽에 가입할 수 있다.

답:

참조: John is trying to become friends with Henry so he can join the club too.

159. **Crack a book. V. Phr. To open a book in order to study.** (책을 펼치다).

영작: 박군은 시험 바로 전날 밤까지 책을 펼치지도 않았다.

답:

참조: John did not study until the night before the exam.

160. **Crack a smile. V. Phr. To let a smile show on one's face; permit a smile to appear.** (씽긋 미소 짓다).

영작: 김군은 한 점의 미소도 없이 어리석은 이야기를 말했다.

답:

참조: Mr. Kim told the silly story and didn't smile once.

161. **Crack down. V. Phr. To enforce laws or rules strictly; require full obedience to a rule.** (단호한 조치를 취하다, 〈...을 엄하게 단속하다).

영작: 과속 운전자가 어린 아이를 부상시킨 이후에, 경찰은 단호한 조치를 취했다.

답:

참조: They got strict about speeding.

162. **Cream of the crop. N. Phr. The best of a group; the top choice.**(최상의 것〈사람들〉)

영작: 5월 여왕의 후보자들은 매우 사랑스러웠으나, 그러나 김양과 박양은 최고의 후보자였다.

답:

참조: They were the top of the choice.

163. **Credibility gap. N. An apparent discrepancy between what the government says what one can observe for oneself.** (〈정부에 대한〉신빙성의 결여, 불신감; 〈정치가 등의〉 언행 불일치; 〈세대간의. 단절감).

영작: 워터게이트 기간 동안에 미국에는 상당한 불신감이 있었다.

답:

참조: During the Watergate years one couldn't believe the government.

164. Creep up on. V. To crawl towards; move along near the ground; steal cautiously towards so as not to seen or noticed.(몰래 다가가다, 천천히 나아가다, 〈살며시, 가만히〉기어들다).

영작: 인디언들은 덤불 속을 통하여 그 집안으로 살며시 기어 들어갔다.

답:

참조: The Indians moved softly, hiding themselves in the bushes.

165. Crew cut or crew haircut. N. A boy's or man's hair style, cut so that hair stands up in short, still bristle. (〈항공기 탑승원 등의 〉상고머리).

영작: 많은 소년들은 여름동안 시원함을 더 유지하기 위하여 상고머리 깍기를 좋아한다.

답:

참조: Many boys get their hair cut short during summer because it keeps cooler.

166. Crop out. V. To appear at the surface; come through or show through from hiding or concealment.(〈문제 등이〉 갑자기 발생하다, 나타나다; 〈광상 따위가〉 노출하다).

영작: 암식들이 뉴잉글랜드의 건조 띵에서(지역)에서 자주 나타났다.

답:

참조: Rocks often push through the soil in New England pastures.

영작: 감추어진 증오는 그의 어투(말투)에서 갑자기 튀어 나왔다.

답:

참조: His words showed hate that he had hidden before.

167. Crop up. V. To come without warning; appear or happen unexpectedly.(문제 등이 갑자기 발생하다, 나타나다)

영작: 김군이 그의 TV 방송국을 건설하고 있을 때 문제점들이 거의 매일 발생하였다.

답:

참조: He kept meeting difficulties when he was building his TV station.

168. Cross one's fingers. V. Phr. To cross two fingers of one hand for good luck. (〈액막이로 또는 행운을 빌어〉 집게손가락 위에 가운데 손가락을 포개다).

영작: 메리는 경주중에 그녀의 집게손가락 위에 가운데 손가락을 포갰기 때문에 톰이 승리했다.

답:

참조: Mary crossed her two fingers to bring Tom good luck.

169. Cross one's mind <u>or</u> pass through one's mind. V. Phr. To be sudden or passing thought; be thought of by someone; come to your mind; occur to you. (〈어떤 생각이〉마음에 떠오르다).

영작: 제인이 밤 12시 까지 집에 오지 않았을 때, 수많은 무시무시한 공포감들이 어머니의 마음속에 떠올랐다.

답:

참조: Mother thought of many things that might have happened to Jane.

170. Cross swords. V. Phr. Literary. To have an argument with; fight.- Used <u>with</u>(...와 싸우다; ...와 다투다).

영작: 선생님하고 논쟁하지 마셔요; 당신이 그녀와 다투기에는 아직 어리다.

답:

참조: You don't know enough to beat the teacher in an argument.

171. Cross up. V. To block or upset; throw into confusion or disorder.(아무의 의표를 찌르다, 헷갈리게 하다, 배반하다).

영작: 우리는 그를 대문에서 붙잡으려고 했으나, 그는 뒷문으로 도망감으로써 우리의 의표를 찔렀다.

답:

참조: He upset our plan by going in the back door.

영작: 김군은 수많은 물건들을 몰래 매각함으로써 그의 동료를 배반했다.

답:

참조: Kim Cheated his partner by selling a lot of things without telling him.

172. Cry for or cry out for. V.To need badly; be lacking in. (...을 바라고 〈얻고자〉 외치다, 〈사태 따위가 〉필요로 하다).

영작: 2주 동안 비가 내리지 않았고 그리고 정원은 비를 절실하게 갈구하고 있다.

답:

참조: The garden is very dry and needs rain.

173. Cub scout. N. A member of the Cub Scouts, the junior branch of Boy Scouts for boys 8-10 years of age.(애송이, 젊은이)

영작: 짐은 겨우 7곱살이고 보이스카우트 회원이 되기 위해서는 너무 어리다.

답:

참조: Jimmie must be eight years old to be a Cub Scout.

174. Culture vulture. N. A person who is an avid cultural sightseer, one who seeks out cultural opportunities ostentatiously, such as going to the opera or seeing every museum in a town visited, and brags about it.(문화병자, 사이비 문화인).

175. A Cup of tea also dish of tea. N. Phr. Something you enjoy or do well at; a special interest, or favorite occupation. -Used with a possessive.(〈어떤 종류의〈사람, 물건).

영작: 산보하기 위하여 당신은 그와 항상 동행할 수 있었다; 하이킹은 그의 취미였다.

답:

참조: Hiking was his favorite occupation.

176. Curl one's hair. V. Phr. To shock; frighten; horrify; amaze.(..아무를 놀라게 〈간담을 서늘하게〉하다).

영작: 다른 비행기로부터 이동한 괴물에 관한 영화는 그를 매우 놀라게 했다.

답:

참조: The movie monsters frightened him.

177. Curry favor with. V. To flatter or serve someone to get his help or friendship. (..의 비위를 맞추다;..에게 빌붙다).

영작: 그녀가 반에서 가장 예쁜 소녀였다고 말함으로써 김군은 새로운 소녀의 비위를 맞추

려고 노력했다.

답:

참조: He tried to make her like him.

178. Cut across. V. To cross or go through instead of going around; go a short way.
(〈들판 등을 〉질러가다, ..와 엇갈리다. 초월하다).

영작: 박군은 모퉁이까지 걷기를 원하지 않았다. 그리고 그는 돌아감으로써 다음 길거리까지 마당을 질러갔다.

답:

참조: Park walked across the yard instead of going around the corner.

b) To go beyond to include; stretch over to act on; affect.(초월하다)

영작: 독서의 열정은 모든 부류의 사람들, 부유한 사람과 가난한 사람들을 초월했다.

답:

참조: Love of reading is experienced by people of all classes, rich and poor alike.

179. Cut-and-dried. Adj. Phr. Decided or expected beforehand; following the same old line; doing the usual thing.(〈연설, 계획 등이〉 미리 준비된 대로의; 신선미 없는, 무미건조한).

영작: 판사의 결정은 미리 예견된 것이었다.

답:

참조: The court always followed the old customs.

영작: 회의에서 사람들은 무미건조한 장황한 연설들을 경청했다.

답:

참조: They heard many cut-and-dried speeches.

180. Cut back. V. a) To use fewer or use less.(〈생산, 경비 등을〉 줄이다, 중지하다).

영작: 대 공사가 완료된 이후에, 건설업자는 그를 위해 일하는 수많은 인원들을 퇴출했다.

답:

참조: The builder fired many his workers.

181. Cut corners. V. Phr. a) To take a short way; not go to each corner.(..질러가다. 〈돈. 시간 따위를〉 절약하다; 안이한 방법으로 끝마치다).

영작: 그는 집으로 가는데 성급히 질러갔다.

답:

참조: He went the shortest way, across lots and through fields.

b) To save cost or effort; manage in a thrift way.〈돈. 시간 따위를〉 절약하다

영작: 그가 대학에서 할 수 있는 모든 것들을 절약하라고 존의 아버지는 요청했다.

답:

참조: John's father asked him to be as saving as he could in college.

182. Cut down. V. To lessen; reduce; limit.(〈비용. 수당을〉 삭감하다. 〈음식. 담배 따위의 〉양을 줄이다).

영작: 톰은 지출을 삭감해야만 했다.

답:

참조: Tom had to reduce his spending.

영작: 의사는 김군에게 흡연을 줄이라고 말했다.

답:

참조: The doctor told Mr. Kim to do less smoking.

183. Cut in. V. a) To force your way into a place between others in a line of cars, people, etc.; push in.(끼이들다).

영작: 몇 개의 차들을 통과한 후에. 김군은 너무 일찍이 끼어들었고. 그리고 사고가 거의 날 뻔했다.

답:

참조: Mr. Kim got back in line too close to the car behind.

b) To stop a talk or program for a time; interrupt.〈남의 이야기 따위에〉참견하다).

영작: 메리와 이양이 베란다에서 이야기 하고 있을 때. 메리의 어린 남동생이 그들에게 끼어들었고 그리고 그의 낚시 여행에 관하여 이야기하기 시작했다.

답:

참조: Her little brother began to speak while they were talking to each other, and they had to stop.

184. Cut loose. V. To Free from ties or connections; cut the fastenings of. (관계를 끊다. 도망치다. 거리낌 없이 행동하다. 방자하게 굴다).

영작: 그 소년을 집을 떠났고 그리고 그의 부모님들의 간섭을 끊었다.

답: .

참조: He didn't follow the rules of his home.

영작: 남자들이 즐거운 시간을 갖기 위하여 연차총회에 왔다. 그리고 그들은 정말 거리낌 없이 행동했다.

답:

참조: They behaved wildly.

185. Cut off. V. To separate or block. (삭제하다. 중단하다. 끊다. 방해하다).

영작: 홍수는 도시주민들을 이 세상의 나머지 사람들로부터 분리시켰다.

답:

참조: The flood separated the townspeople from the rest of the world.

영작: 그의 무례함은 친구들로부터 그를 고립시켰다.

답:

참조: His rudeness shuts him off from making friends he might have.

186. Cut one's throat. V. Phr. To spoil one's chances; ruin a person.(목을 찌르다; 자살하다; 자멸을 초래하다).

영작: 그는 자신의 부주의로 인하여 자신의 자멸을 초래했다.

답:

참조: He lost his chances by seeming not to care about his job.

187. Cut out for. Adj. a) Made ready; given for action; facing. (...에 적임의; 〈남녀가〉 잘 어울리는). (〈과거분사로〉 예정되다).

영작: 메리는 하루 종일 그녀의 선생님의 자녀들과 머무는 것에 동의했다; 어떤 일이 기다리고 있는지 그녀는 알지 못했다.

답:

참조: Mary did not know all the work and problems of the job.

b) Suited to; fitted for.

영작: 김군은 법학에 적임인 것 같이 보였다.

답:

참조: He seemed to be naturally fitted to be a lawyer.

188. Cut short. V. To stop or interrupt suddenly; end suddenly or too soon.(갑자기 끝내다. 〈가로막다〉; 바짝 줄이다).

영작: 비는 공 경기를 갑자기 중단시켰다.

답:

참조: Rain stopped the ball game in the middle.

189. Cut the ground from under. V. Phr. To make (someone) fail; upset the plans of; spoil the argument for a (person) in advance. (아무의 계획에 의표〈허〉를 찌르다).

영작: 폴은 주장이 되기를 원했다. 그러나 우리는 헨리가 그 팀의 가장 훌륭한 선수라는 것을 말함으로써 그의 계획에 허를 찔렀다.

답:

참조: We spoiled Paul's plans to be captain by say ing that the best player should be captain.

190. Cut up. V. Phr. a) To hurt the feeling of; wound.—usually used in the passive.(...에게 자상을 입히다. 매섭게 혹평하다. 〈수동태로〉..의 마음을 아프게 하다).

영작: 김군은 이양이 김군에게 그의 반지를 되돌려 주었을 때 그는 심하게 마음의 상처를 받았다.

답:

참조: Kim's feeling were hurt.

b) To act funny or rough; clown.(까불다. 익살떨다).

영작: 만약에 어떤 소녀들이 지켜보기만 하면 김군은 항상 익살을 떨곤 했다.

답:

참조: Joe would always act the clown if he had an audience of girls.

D Section D

1. **Dance to another tune. V. Phr. To talk or act differently, usually better because things have changed; be more polite or obedient because you are forced to do it.** (갑자기 태도를 〈의견을〉바꾸다).
   영작: 김군은 그의 숙제(과제물)를 하는 것을 거부했으나 체벌이 그의 태도를 갑자기 바꾸게 만들었다.
   답:
   참조: The teacher punished him, and he did what she wanted.

2. **Dare say. V. Phr. To think probably; suppose; believe. Used in the first person.** (아마도 (I suppose).
   영작: 이양은 지금 불행하다. 아마도 그녀는 이것에 관하여 내일 웃음을 지을 것이다.
   답:
   참조: I think that Mary will be happy again tomorrow.
   영작: 아마도 당신 말이 옳을 것이요.
   답:
   영작: 테이블 위에는 아이스크림이 더 이상 없으나, 아마도 우리는 부엌에서 약간의 아이스크림을 발견할 수 있다.
   답:
   참조: I think there is ice cream in the kitchen.

3. **Darken one's door <u>or</u> darken the door. To appear, as in a doorway; enter someone's home or establishment.** (아무를 방문하다).
   영작: 만약 당신이 지금 이 집을 떠난다면, 당신은 다시는 내 집안 문턱에 발을 들여 놓지 못할

것이다.

답:

참조: If you leave this house now, never enter it again.

4. **Dark horse. N. Colloquial. N. Phr. A presidential candidate little known to the general voting public; a candidate who was not expected to run.** (경마·경기·선거 따위에서 뜻밖의 유력한 경쟁 상대).

영작: 때때로 뜻밖의 후보자가 대통령으로 당선된다.

답:

참조: Every once in a while a candidate is elected who is relatively unknown.

5. **Dash light. N. A light on the front inside of a car of vehicle.** (자동차 등의 계기판상의 밝은 빛)

영작: 김군은 차를 세웠고 그리고 지도를 읽기위하여 대쉬 등을 켰다.

답:

참조: Kim put on a light near the steering wheel.

6. **Dash off. V. To make, do, or finish quickly; especially, to draw, paint, or write hurriedly.** (급히 쓰다; 단숨에 해치우다. 돌진하다. 급히 떠나다).

영작: 앤은 그녀의 스케치 종이와 연필을 집었고 그리고 인디언들의 스게치를 단숨에 헤치웠다.

답:

참조: Ann drew a picture of the Indians quickly.

영작: 김군은 이양이 한 개의 편지만을 단지 쓰는 동안 몇 개의 편지들을 단숨에 쓸수있다.

답:

참조: Mr. Kim can write two or three letters while Mary is writing one.

7. **Dawn on. V. To become clear to.**(일이) 점점 분명해지다. (생각이) 떠오르다).

영작: 만약 김군이 더 열심히 공부하지 않았다면, 그는 이 과목을 실패했을 것이라는 것이 그에게 점점 분명해졌다.

답:

참조: Kim began to understand that he must study harder.

영작: 진실이 나에게 점점 분명해지기 시작했다.

답:

8. Day in and day out. Adv. Phr. Regularly; consistently; all the time. (날이면 날마다, 언제나).

영작: 그는 언제나 테니스를 잘 친다.

답:

참조: He always plays good tennis.

9. Day and night. Adj. For days without stopping; continually. Syn. Around the clock. (철야로)

영작: 중요한 고속도로 상에 있는 몇몇의 주유소 철야로 개장한다.

답:

10. Days are numbered. (Someone or something) does not have long to live or stay. (죽음이 다가오다, 수명〈운〉이 다하다)

영작: 오래된 학교 건물의 세월이 수명이 다했다.

답:

참조: The old building will soon be torn down.

영작: 인간이 90살이 되면 인간의 수명은 다한다.

답:

참조: He will not live many more years.

11. Deadbeat. N. A person who never pays his debt and who has a way of getting things free that others have to pay for.(대금(빚)을 떼어먹는 녀석, 기차에 무임승차하는 방랑자, 게으름뱅이).

영작: 당신은 김군으로부터 결코 돈을 환수할 수 없을 것이다 – 그는 돈을 떼어 먹는 사람이다.

답:

참조: Joe will never pay you, that's the way he is.

12. Dead center. N. The exact middle. (선반의 부동중심).

영작: 보물은 섬의 바로 한가운데 묻혀있었다.

답:

참조: The treasure was buried exactly in the middle of the island.

13. Dead ahead. Adj. Informal. Exactly in front; before.(..의 바로 앞에, 곧바로 간곳에).

영작: 그 학교는 이곳으로부터 대략 2마일 바로 앞에 있다.

답:

참조: The school is straight on in the direction you are going, from here.

14. Dead on one's feet. Adv. Very tired but still standing or walking; too tired to do more; exhausted.(〈서 있거나 걷지 못할 정도로〉 몹시 지쳐).

영작: 김군은 일을 끝내지 않은 채 결코 떠나지 않는다. 그가 몹시 지쳐 있을 때조차도 그는 일을 계속한다.

답:

참조: Kim keeps on working though he is very tired.

15. Deadpan. Adj. Adv. With an expressionless or emotions face; without betraying any hint of emotion. (무표정한 얼굴의 (사람); 아무렇지도 않은 태도, 시미치 떼고 하는 연기).

영작: 그녀는 남편의 사망 소식을 아무렇지도 않은 태도를 취했다.

답:

참조: She betrayed no emotion when she received the news of his death.

16. Dead tired. Adj. Phr. Very tired; exhausted; worn out.(기진맥진하여).

영작: 그녀는 일과의 끝 무렵에 기진맥진했다.

답:

참조: She had no energy left at the end of the day's work.

17. Dead to the world. Adj. Phr. Fast asleep. (의식이 없는, 푹 잠들어 버린).

영작: 이군은 매우 늦게 잠자리에 들었고 그리고 그는 오늘 아침 10시까지 아직도 푹 잠들어있다.

답:

참조: Lee was still fast asleep.

18. Dear me. Interj. Used to show surprise, fear, or some other strong feeling.(어머나, 아이고, 저런⟨놀라움, 근심, 슬픔, 동정 따위를 나타냄⟩)

영작: 어머나, 나의 지갑을 잃어버렸다. 어쩌면 좋지?

답:

19. Deliver the goods. V. Phr. To carry things and give them to the person who wants them .(약속을 실행하다, 바라는 만큼 주다).

영작: 이군은 정확한 집에 물건을 전달했다.

답:

참조: He carried the goods to the right person.

영작: 그는 반드시 약속을 지킨다.

답: He

20. Devil to pay. N. Phr. Great trouble. – Used after <u>the</u>. (앞으로 닥칠 큰 곤란, 뒤탈: 큰 어려움. 심한 벌).

영작: 누가 창문을 부쉈는지를 발견한다면 선생님이 심한 벌을 내릴 것이다.

답:

참조: There will be much trouble or punishment for the person who broke the window.

21. Die away <u>or</u> die down. V. To come slowly to an end; grow slowly less or weaker.

(바람 소리 등이)잠잠해지다. 실신하다.

영작: 바람이 잦아들었다.

답:

참조: The wind stopped blowing.

영작: 음악이 잠잠해지다.

답:

영작: 그의 어머니의 분노가 수그러들었다.

답:

22. Die out. V. To die or disappear slowly until all gone.(사멸하다. 소멸하다).

영작: 이 종류의 새는 멸종되었다.

답:

참조: The birds of this kind are dying, and someday all will be gone.

23. Dig in. V. a) To dig ditches for protection against an enemy attack. (〈열심히 ...땅 따위를〉파다).

영작: 군인들은 열심히 굴을 파고 그리고 적들이 올 것을 기다렸다.

답:

참조: The soldiers dug ditches and hid in them for protection.

b) To go seriously to work; work hard. (열심히 ...하기 시작하다).

영작: 박군은 열심히 파고들어 그리고 그의 과제물을 재빨리 끝냈다.

답:

참조: Park began to work hard.

24. Dig up. V. To find or get (something)with some effort.(발굴하다, 조사해 내다, 밝히다).

영작: 그녀는 그녀의 영어작문을 위하여 약간의 유용한 자료들을 발굴했다.

답:

참조: She found the information in books and magazine articles.

25. Dig out. V. To find by searching; bring out(something) that was put away. (파내다, 조사해 내다).

영작: 김군의 그의 썰매를 벽장으로부터 꺼냈다

답:

참조: He brought the sled from where it was stored away.

26. Dime store <u>or</u> five-and -dime or five-and ten. N. Phr. A store that sells things that cost little.

영작: 김군은 싸구려 상점에서 연필을 샀다.

답:

참조: He bought the pencil at the store where he could it cheap.

27. Dirty look. N. A look that shows dislike. (아무를 화난〈비난의〉눈초리로 보다).
영작: 미스 김은 비난의 눈초리를 그녀에게 주기 위하여 교장 사무실로 조군을 보냈다.
답:
참조: Joe's face showed anger because of something that Miss Kim had done or said.

28. Dish out. V. To serve (food) from a large bowl or plate.(〈요리를〉 접시에 담아 내놓다).
영작: 앤의 어머니는 그녀에게 콩들을 접시에 담으라고 요청했다.
답:
참조: Mother asked Ann to take beans from the serving bowl and put some on each person's plate.

29. Dispose of. V. a) To throw away; give away or sell; get rid of. (처분하다, ...을 팔아 버리다, 버리다).
영작: 존의 아버지는 그들의 고가를 처분하기를 원한다.
답:
참조: John's father wants to sell the old house.

b) To finish with; settle. (...을 다 먹어(마셔)버리다).
영작: 소년들은 굶주렸고 그리고 그들의 저녁식사를 재빨리 다 먹어치웠다.
답:
참조: They quickly finished their dinner.

30. Dirty one's hands <u>or</u> soil one's hands. V. Phr. To lower or hurt one's character or good name; do a bad or shameful thing.(...와 관계하여 품위를 떨어뜨리다).
영작: 선생님은 시험에서 부정행위를 함으로써 그들의 품위를 떨어뜨리지 말라고 아이들에게 경고했다.
답:
참조: The teacher told the children not to cheat in the exam because it would give them a bad name.

31. Do a double take. V. Phr. To look again in surprise; suddenly understand what it seen or said. 〈멍하니 있다가 갑자기 깨닫다).(...멍하니 있다가 갑자기 깨닫다. 예기치 않은

상황–말 등에 대한 늦은 반응). (희극에서) 멍하니 듣다가 뒤늦게 깜짝 놀라는 체하는 연기).
영작: 이양이 학교를 자퇴하겠다고 말했을 때, 나는 멍하니 있다가 갑자기 그 의미를 깨달았다.
답:
참조: I did not understand at first but suddenly I caught her meaning.

32. Do a job on. V. Phr. To damage badly; do harm to; make ugly. (...을 때려 부수다; 의기를 꺾다; 속이다).
영작: 그 아이는 메리의 책을 손상시켰다.
답:
참조: The baby tore the pages and chewed on the cover of Mary's book.
영작: 제인은 그녀를 머리를 잘랐고 그리고 그녀는 자신의 용모를 정말 망쳤다.
답:
참조: Jane cut her hair own hair and made it look very bad.

33. Do away with. V. To put an end to; stop.(...을 없애다, ...을 폐지(제거)하다).
영작: 선생님들은 그들의 강의에서 부정행위를 폐지하기를 원했다.
답: The teachers want to <u>do away with</u> cheating in their class.
참조: The teachers want the cheating to stop.
영작: 우리는 이 낡은 규칙을 폐지해야 한다.
답: We should <u>do away with</u> these old rules.

34. Do by. V. To deal with; treat. – Used with a qualifying adv. between <u>do and by</u>. (〈흔히 well, badly 등과 함께〉 아무를 ...하게 대하다, 대우해주다).
영작: 이군의 고용주는 항상 그를 잘 대우해준다.
답:
참조: The man Lee works for acts kindly towards him.

35. Do credit <u>or</u> do credit to. To add to or improve the reputation, good name, honor, or esteem. Do a person– do credit to a person. (아무의 명예가 〈공이〉되다).
영작: 당신의 깔끔한 외모는 당신에게 도움이 된다.
답:

참조: Your neat appearance adds to your good name.

영작: 메리의 유화는 진정한 예술가로의 명성을 드높인다.

답:

참조: Mary's painting is so good that a real artist could be proud of it.

36. Dog-eat-dog. N. A way of living in which every person tries to get what he wants for himself no matter how badly or cruelly he must treat others to get it.(사리사욕에 눈이 먼, 앎을 다투는, 자제심(도의심)이 없는). N. 냉혹한 사리 사욕추구, 앎을 다투는 전쟁, 동족상잔.

37. Do in. V. To ruin; destroy (〈아무를〉녹초가 되게(지치게)하다, (아무를) 파멸시키다, 망하게 하다).

영작: 이군의 사업은 화재로 인하여 파산했다.

답:

참조: Mr. Lee had to go out of business because of the fire.

38. Do justice to. V. Phr. To do (something) as well as you should; do properly. (사람-물건을) 바르게 나타내다, ...을 공평(정당)하게 평가하다(다루다).

영작: 이양은 너무나 많은 일들을 실천해야 했기 때문에 그녀는 그녀의 강의를 잘 준비할 수 없었다.

답:

참조: Lee tried to do too much, and did not do her lessons well.

영작: 김군의 의견을 공정하게 평가하시오.

답:

영작: 공평하게 평가하면, 그는 유능한 사내이다.

답:

To eat or drink with enthusiasm or enjoyment.

영작: 그는 성찬을 실컷 먹었다.

답:

참조: He ate as though he really enjoyed it.

39. Doll up. V. To dress in fine or fancy clothes.(화려하게 차려 입다).

영작: 소녀들은 올해의 거대한 학교 무도회를 위하여 화려하게 차려 입었다.

답:

참조: They put on their best clothes for the dance.

영작: 그녀는 모피와 보석으로 화려하게 차려입고 있었다.

답:

참조: They dressed up nicely.

40. Dope out. V. To think of something that explains.(추측하다, 알아내다, 날조하다).

영작: 탐정가들은 왜 그 남자가 살해 되었는가를 알아내려고 노력했다.

답:

참조: The detectives tried to discover by putting the facts together in their minds why the man had been killed.

41. Do the trick. V. Phr. To bring success in doing something; have a desired result. (《사물이》 소기의 목적을 달성시키다, 목적을 달성하다, 〈약 따위가〉 효험이 있다).

영작: 김군은 영어에서 합격하지 못했으나, 그러나 그는 더 열심히 공부했고 그리고 목적을 달성했다.

답:

Jim studied harder and succeeded in improving.

42. Do the business. V. Phr. To do what is needed or wanted; get the job done; take proper action. (필요한(원하는)일을 하다; 일을 해치우다; 적절히 행하다).

영작: 소년들은 돌을 굴리는데 어려움이 있었으나, 그들 중 4명은 그 일을 잘 해치웠다.

답:

참조: Four of the boys did what they wanted to do and rolled the stone.

영작: 어린 소년이 손가락을 베었을 때 반창고가 필요하다.

답:

참조: Putting a bandage on the cut finger was the right things to do.

43. Double check. N. A careful second check to be sure that something is right; a careful look or errors. (다시 한 번 확인하다, 재확인하다).

영작: 경찰은 상가지역의 문들을 재확인을 했다.

답:

참조: He tried them all carefully to be sure that they were locked.

44. Double duty. N. Two uses or jobs; two purposes or duties. (두 가지 역할(기능)을 가진).

영작: 김군은 두 가지 역할을 행한다. 그는 아침에는 청소원이고 그리고 오후에는 정원사이다.

답:

참조: He does the two jobs of janitor and gardener.

45. Double-talk. N. Something said that is worded, either on purpose or by accident, so that it may be understood in two or more different ways. (애매한 이야기; 속 다르고 겉 다른 다른 말).

영작: 정치가는 애매한 이야기로 질문을 회피했다.

답:

참조: He escaped giving a real answer by saying something that could be understood two different ways.

46. Double up. V. To bend far over forward. (둘로 접다, 〈고통 따위가〉 몸을 구부리다). (남과 한 방을 쓰다).

영작: 김군은 야구공에 맞았고 그리고 고통으로 몸을 구부렸다.

답:

참조: He fell down holding with his stomach, with his knees up to his chest.

영작: 친척이 방문했을 때, 앤은 그녀의 언니와 한 방을 써야만 했다.

답:

참조: Ann had to give up her room and share her sister's room.

47. Do with. V. a) To find enough for one's needs; manage.–Usually follows <u>can</u> (...을 참고 견디다; 〈불만이지만〉 ...한 대로 참다).

영작: 몇몇의 아이들은 매우 소액의 돈을 소비하면서 견딜 수 있다.

답:

참조: Some children can buy what they need for only a little money.

b) To make use of; find useful or helpful.(〈...했으면 좋을 성 싶다, ...하고 싶다).

영작: 하루의 고된 일을 끝난 후, 인간은 맛있고 뜨거운 음식을 먹고 싶다.

답:

참조: A man needs or wants a good hot meal.

48. Down east <u>or</u> Down east. N. The northeast coastal part of the United States and part of Canada; especially the coastal parts of Maine. (미국 동부, New England, Maine 주)

49. Down the drain. Adj, or Adv. Phr. Wasted, lost.(낭비되어, 헛것이 되어, 수포로 돌아가).

영작: 만약 네가 돈을 사탕에 모두 소비한다면, 돈은 낭비된다.

답:

참조: The money is wasted because it is all eaten up.

영작: 비가 왔을 때 수영을 가고자 하는 우리의 계획들은 수포로 돌아갔다.

답:

참조: The rain spoiled our plans.

50. Do without <u>or</u> go without. V. To live or work without (something you want) ; manage without. (...없이 때우다, 〈지내다〉).

영작: 앤은 사탕을 좋아한다고 말했으나 그것 없이도 지낼 수 있다

답:

참조: Ann likes candy, but it does not make her unhappy to be without it.

영작: 나는 당신의 충고가 없어도 된다.

답:

51. Down-to-earth. Adj. Showing good sense; practical. (실제적인, 현실적인; 철저하게, 솔직히).

영작: 파티를 위한 위원회의 첫 번째 계획은 너무나 환상적이었다.

그러나 두 번째 계획은 더 실용적이었다.

답:

참조: The second plan could be used.

52. Down to the wire. Adj. a) Running out of time, nearing a deadline.(최후 순간까지, 기한 〈마감〉이 다가와).

영작: 김군은 그의 프로젝트에 기한이 다가온다.

답: .

참조: He is nearing the deadline for completion of his project.

b) Being financially almost broke, being very low on cash or to her funds. (자금이 바닥이 나서)

영작: 우리는 오늘 저녁 레스토랑에 갈 여유가 없다. – 우리는 사실상 돈이 바닥이 났다.

답:

참조: We cannot afford to go out, we are so low on funds.

53. Drag in. V. To insist on bringing (another subject) into a discussion; begin talking about (something different).(억지로 끌어들이다).

영작: 우리가 무엇에 관하여 이야기하든 간에, 짐은 정치로 끌어들인다.

답:

참조: No matter what we talk about, Jim brings politics into the discussion.

54. Drag on <u>or</u> drag out. V. a) To pass very slowly.(〈때, 사람, 일등이〉 느릿느릿 진행되다, 〈행사 등이〉 질질 끌다)

영작: 봄이 결코 오지 않을 것이라고 우리가 생각 할 때까지 매서운 겨울 달들이 계속 질질 끌었다.

답:

참조: The cold winter spring would never come.

b) To prolong; make longer.

영작: 만약에 회원들이 부과금에 관한 논쟁을 질질 끌지만 않았었다면 그 회의는 재빨리 종결되었을 수 있었다.

답:

참조: The meeting would have been shorter if the members had not made the argument about longer dues.

55. Drag one's feet <u>or</u> drag one's heels. V. Phr. To act slowly or reluctantly. (일부러 꾸물거리다).

영작: 그들의 어머니가 그들에게 잠잘 시간이라고 말했을 때 아이들은 텔레비전을 시청하기를 원했고 그리고 일부러 꾸물거렸다.

답:

참조: The children wanted to watch T.V, and acted very slowly when their mother told them to go to bed.

56. Draw a line <u>or</u> draw the line. V. Phr. a) To think of as different.(선을 긋다, 구별하다, 한계를 짓다;...〈의 선〉을 넘지 않다).

영작: 이 나라의 법은 살인과 고살을 구별한다.

답:

참조: The law in this country makes murder and manslaughter different.

b) To set a limit to what will be done; say something cannot be done.

영작: 모든 사람들을 초대하기를 우리는 좋아한다. 그러나 우리는 어딘가에서 한계를 설정해야 한다.

답:

참조: We would like to invite everybody, but we must set a limit somewhere.

57. Draw back. V. To move back; back away; step backward.(되돌리다, 물러서다, 주춤하다).

영작: 개가 그들을 향하여 짖기 시작했을 때 아이들은 개로부터 물러섰다.

답:

참조: The children backed away from the dog when it barked at them.

58. Draw out. V. Phr. A) Take out; remove.(꺼내다, 뽑아내다, 〈예금을 〉찾아내다).

영작: 심양은 그녀의 어머니에게 선물을 구매하기 위하여 은행으로부터 돈을 인출하였다.

답:

참조: Sim went to the bank and took the money out that she had put there.

b) To make (a person) talk or tell something (...꾀여서 말하게 하다, ...에게서 알아내다).
영작: 김군은 수줍어하였다. 그러나 미스 리는 그에게 야구에 관하여 물어봄으로써 그에게 말을 하게 했다.
답:
참조: Mrs. Lee made Kim talk because he liked to talk about baseball.

c) To make longer or too long; stretch.
영작: 모든 사람들이 한꺼번에 말하려고 노력했기 때문에 그것은 길게 연장된 회의였다.
답:
참조: The meeting was too long because no one would listen while others talked.

59. Draw up. V. To write (something) in its correct form; put in writing.(끌어 올리다, 정렬시키다, 〈문서를〉 작성하다; 〈계획 따위를〉 입안하다).
영작: 갑부는 그의 변호사들에게 그의 유언을 작성하가로 시킴으로써 그가 사망했을 때 각각의 그의 자녀들이 그의 돈의 일부를 상속받을 수 있었다.
답:
참조: The lawyers wrote the man's will in the proper way.

60. Dress up. V. To put on best or special clothes.(정장하다, 〈연극 따위에서〉 특수 복장을 하다).
영작: 빌리는 정장 차림을 싫어했다. 그가 집에 도착하자마자 그의 최고의 양복을 벗어 버렸다.
답:
참조: Billy didn't like to wear his best clothes.

61. Drive a bargain. V. Phr. To buy or sell at a good price; succeed in a trade or deal. (〈...와〉〈...에 대해〉유리한 조건으로 거래〈매매, 상담〉하다).
영작: 우리가 우리의 새집을 구입할 때 아버지는 공인중계사와 유리한 조건으로 힘겨운 거래를 했다.
답:
참조: Father bought the house for a very low price.

62. Drive at. V. To try or want to say; mean. Used in the present participle(진행형으로 쓰임).(...을 의도하다, 꾀하다, 노리다, 〈...을 할 〈말할〉작정이다.

영작: 김군은 코치가 무엇을 의도하려고 했는지를 파악하지 못했다.

답:

참조: He did not understand what he coach was trying to tell them.

영작: 〈결국〉 그가 노리는〈의도하는〉 것은 무엇인가?

답:

영작: 그가 30분 동안 이야기를 하기 이전에 그가 무엇을 의도하고 있는지를 어느 누구도 깨닫지를 못했다.

답:

참조: No one understood what he meant until he had been explaining for half an hour.

63. Drive at Jehu. V. Phr. To drive very fast, carelessly or recklessly(차를 난폭하게 몰다).

영작: 김군은 직장에 지각할 때마다, 그는 차를 난폭하게 몬다.

답:

참조: When he is late for work, he drives very fast and recklessly.

64. Drop a line. V. Phr. To write and mail a note or letter. (짧은 편지를 써서 보내다).

영작: 이양의 친구는 그녀가 휴가를 보내는 동안 그녀에게 간단한 편지를 보내 달라고 요청했다.

답:

참조: Her friend wanted Judy to write to her.

영작: 당신이 마산에 도착하면, 나한테 들러라.

답:

* drop a line: 잠깐 들르다

65. Drop in. V. To make a short or unplanned visit; pay a call. —often used with on. (잠깐 들르다; 불시에 친구를 만나다).

영작: 김씨 아저씨가 불시에 들렀을 때, 우리는 저녁식사에 방금 착석해 있는 중이었다.

답:

참조: Uncle Willie paid a visit at dinner time.

66. Drop off. V. Phr. To make (someone or something) part of the way you are going. (〈손잡이 따위가〉 떨어지다, 빠지다).(〈차에서〉내려주다).

영작: 그녀가 시내를 가는 길에 도서관에서 그를 내려달라고 조는 미스 김에게 요청했다.

답:

참조: Joe asked Ms. Kim to give him a ride to the library on her way downtown.

67. Drop by <u>or</u> drop around. V. To make a short or unpleasant visit; go on a call or errand. (불시에 들르다).

영작: 당신이 시내에 있을 때 어느 때라도 잠시 들러라.

답:

참조: Pay a visit any time you come.

68. Drop dead. V. To go away or be quiet; stop bothering someone.(급사하다, 뻗다; 〈명령형〉 저리가, 썩 꺼져; 죽어 버려).

영작: 그녀가 그의 모형 비행기를 만드는 것을 도와준다고 계속 그에게 애걸했을 때 "저리 가라!" 빌은 그의 여동생에게 말했다.

답:

참조: Bill didn't want his sister's help, and when she kept asking he told her to go away.

69. Drop out. V. To stop attending; quit; stop; leave.(탈락하다, 생략되다, 빠지다, 낙오하다, 중퇴하다).

영작: 고등학교를 중퇴한 청소년들은 직장을 구하기가 어렵다.

답:

참조: Teenagers who leave high school have trouble finding jobs.

70. Drown out. V. To make so much noise that it is impossible to hear(some other sound.) (〈센 소리가 약한 소리 등을〉들리지 않게 하다; 압도하다) (〈홍수가 사람을〉 떠내려 보내대, 몰아내다).

영작: 아이들의 환호성은 음악을 압도했다.

답:

참조: The children made so much noise shouting that on one could hear music.

영작: 배우의 연설은 음악을 압도했다.

답:

참조: The audience made so much no side clapping that people could not hear the actor's voice.

71. Drum up. V. To get by trying or asking again and again; attract or encourage by continued effort.(북을 쳐서 ...을 모으다, 선전하다).

영작: 자동차 판매원들은 낮은 가격을 광고함으로써 사업을 선전하려고 노력했다.

답:

참조: The car dealer tried to get customers by advertising low prices.

72. Due to. Prep. Because of ; owing to; by reason of. (...에 기인하는 ...의 탓으로 돌려야 할).

영작: 그의 상해는 그의 부주의한 총의 사용에 기인하였다.

답:

참조: He was hurt because he handled the gun carelessly.

영작: 이군의 대학에 지원은 그의 영어 부족으로 수락되지 않았다.

답:

참조: Lee was not accepted at the University because he failed English.

73. Dust off. V. To get ready to use again. (먼지를 떨다, 〈긴수해둔 것을〉꺼내오다).

영작: 그가 학교를 졸업한지 4년이 지난 이후에, 톰은 수학 책을 꺼내보기로 결정했다.

답:

참조: He decided to review algebra.

74. Duty bound. Adj. Phr. Forced to act by what you believe is right.(도덕적인 의무가 있는).

영작: 그가 창문을 깨뜨렸다고 보고해야할 도덕적인 의무를 존은 느꼈다.

답:

참조: John felt that it would be wrong to keep it secret, so he said that he broken it.

75. Dwell on <u>or</u> upon. V. To stay on a subject; not leave something or want to leave.

(...을 꼼꼼〈깊이〉생각하다, 꾸물거리다, ..을 천천히 하다).

영작: 김군은 테스트가 끝난 훨씬 이후에 그의 실수를 꼼꼼히 생각했다.

답:

참조: He thought and talked too long about his mistakes.

Section E

1. **Each and Every Adj. Phr. Every – Used for emphasis.**(어느 것이나, 〈어느 누구도〉 모두, 죄다).

   영작: 주장은 정각 8시에 모든 사람이 여기로 참석하기를 원한다.

   답:

   참조: The captain wants every man to be here at eight o'clock.

2. **Eager beaver. N. Phr. A person who is always eager to work or do anything extra.** (열심히 일하는 사람, 일벌레, 〈승진을 노리는〉야심가〉).

   영작: 김군은 그의 선생님을 좋아하고 그리고 그녀를 위하여 열심히 일한다. 그러나 그의 반 친구는 그를 야심가라고 부른다.

   답:

   참조: The other pupils think he tries to please the teacher.

   영작: 매니저로 승진하기로 되어있었던 그 남자는 일벌레였다. 그는 직장에 일찍 출근하고 그리고 늦게 퇴근했다.

   답:

   참조: He worked harder than other employees.

3. **Early bird catches the worm <u>or</u> early bird gets the worm.**

   A person who gets up early in the morning has the best chance of succeeding, if you arrive early or are quicker, you get ahead of others. –proverb.(부지런한 새가 벌레를 더 먹는다. (부지런해야 수가 난다).

   영작: 김군은 정월에 여름 직장을 찾기 시작했다; 그는 부지런한 새가 벌레를 먹는다는 것을 알고 있다.

답:

참조: Kim knew that if you get ahead of others, you have a better chance for success.

4. Ears burn. To feel embarrassment or shame at hearing others talk about you.(〈욕설 따위를 퍼부어 〉낯이 뜨거워지게 하다).

영작: 소녀들이 그녀를 비난하는 것을 이양은 엿들었고 그리고 그것이 그녀의 낯을 뜨거워지게 만들었다.

답:

참조: She was ashamed because they criticized her.

5. Have(gain, win) ear to the ground. N. Phr. Attention directed to the way things are going, or seem likely to go, or to the way people feel and think.(여론에 귀를 기울이다; 사태의 추이를 지켜보다).

영작: 도시 관리자는 시고용자들의 임금을 올리는 것을 결정하기 이전에 당분간 사태의 추이를 지켜보았다.

답:

참조: The mayer found out how people felt he raise the pay of city employee.

영작: 보도 기자들은 무슨 일이 발생하는 가를 가능할 빨리 알아내기 위하여 여론에 귀를 귀울린다.

답:

참조: Reporters watch closely for news to write about.

6. Ease off or ease up. V. To make or become less nervous; relax; work easier.(〈긴장, 아픔, 비바람〉누그러지다; 천천히 움직이다, 느긋 해지다).

영작: 고용주는 존이 과도하게 일을 해왔다는 것을 알아 차렸을 때, 그는 그의 부담(무거운 짐)을 완화시켰다.

답:

참조: The boss gave John less work.

영작: 성공과 부로, 김군은 느긋해 질수 있었다.

답:

참조: When success came, Mr. Kim did not work so hard.

7. **Easy come, easy go. Informal. Something you get quickly and easily may be lost or spent just as easily.** (쉽게 얻은 것을 쉽게 상실한다.)

8. **Easy does it. Informal. Let's do it carefully, without sudden movements and without forcing too hard or too fast; let's try to just hard enough but not too hard.**(서두르지 말라, 침착하라).

영작: 관리자는 그들이 피아노를 좁은 복도를 통하여 운반할 때 "서두르지 말라"고 감독자는 말했다.

답:

참조; "Let's dot it slowly and carefully," the boss said.

9. **Easy money. N. Money gained without hard work.**(이자가 싼 자금; 수월하게 번돈; 부당 이득).

영작: 부당 이득을 바라는 젊은 사람들은 항상 실망하게 마련이다.

답:

참조: It's hard to get money without work.

10. **Eat away. V. To rot, rust, destroy.**(파먹어 들어가다, 부식하다).

영작: 금속의 녹이 파이프를 부식하는 중이었다.

답:

참조: Rust was destroying the pipe.

11. **Eat crow. V. Phr. To admit you are mistaken or defeated; take back a mistaken statement.**(<마지못해>하기 싫은 것을 하다; 굴욕을 참다; 과오<잘못>을 시인하다)

영작: 김군은 복싱에서 새로운 인물을 물리칠 수 있었다고 말했다. 그러나 그는 졌고 그리고 굴욕을 참아야만 했다.

답:

참조: He had to admit he was not good enough.

영작: 김군은 최상의 팀에서 경기를 할 수 있을 것이라고 자랑을 해왔다. 그러나 코치가 그를 선발하지 않았을 때, 그는 자신의 실수를 인정해야만 했다.

답:

참조: He had to admit that he was not good enough.

12. **Eat like a bird. V. Phr. To eat very little; have little appetitie.**(적게 먹다, 소식하다).
영작: 그녀는 다이어트 중이고 소식을 한다.
답:
참조: She eats very little.

13. **Eat like a horse. V. Phr. To eat a lot; eat hungrily.** (많이 먹다, 대식하다).
영작: 이군은 매우 열심히 일했다. 그리고 돌아와서 과식을 했다.
답:

14. **Eat one's words <u>or</u> swallow one's words. V. Phr. To take back something you have said; admit something is not true.**(어쩔 수 없이〉 앞에 한 말을 취소하다. 〈실언은 아님〉
영작: 존은 해리를 겁쟁이라고 불렀으나 해리가 골목대장과 용감하게 싸운 이후 그가 앞서 한 말을 취소하게 만들었다.
답:
참조: The boys made John admit that Harry was no coward.

15. **Eat one's cake and have it too. V. Phr. To use or spent something and still keep it; have both when you must choose one of two things.**(먹은 과자는 손에 남지 않는다; 양쪽이 다 좋을 수는 없다).(Often used in negative sentences).
영작: 이군은 대학을 어디로 가야할 지 혹은 직장을 갖을 것인지 그의 마음을 결정하지 못했다. 그는 한 쪽을 선택하여야 한다.
답:
참조: Lee can't do both; he must choose one.
영작: 심양은 상점에서 목격한 아름다운 드레스를 구입하기를 원한다. 그러나 그녀는 또한 캠프를 위하여 생일 돈을 저축하기를 원한다. 그녀는 양쪽을 가질 수가 없다.
답:
참조: She really wants to buy the dress and still have money for camp.

16. Eat one's heart out. V. Phr. To grieve long and hopelessly; to become thin and weak from sorrow.(마음을 푹푹 썩이다. 남몰래 고민하다).

영작: 그녀 남편의 서거 이후 수개월 동안 그녀는 남몰래 마음을 썩혔다.

답:

참조: She grieved hopelessly, and lost her usual interest in life.

17. Eat out. V. a)To eat in a restaurant; eat away from home.(외식하다).

영작: 이군은 도시에 머물고 있지 않을 때 자주 외식을 했다.

답:

참조: Lee ate in the restaurants often even when he wasn't traveling.

b) To rust, rot, or be destroyed in time.(침식하다)

18. Eat up. V. a)To eat all of.(〈음식을〉 먹어 없애다. 단번에 먹어 치우다. (〈돈, 시간〉등을 다 써 버리다).

영작: 오후 내내 하이킹 이후에 그들은 저녁을 단번에 모두 먹어 치웠다.

답:

참조: They finished their dinners hungrily.

b) To accept eagerly, welcome.(〈이야기 따위를〉 그대로 믿다).

영작: 그녀가 아름다운 만큼 똑똑하다고 김군은 이양에게 말했다. 이양은 그 말을 곳이 곳대루 믿었다.

답:

참조: Lee liked very much to hera his praise.

19. Edge in. V. To move slowly; get in quietly, especially with some difficulty, by force or without a big enough opening.(〈한마디〉참견하다〈끼어들다〉)(〈아무에게〉 조금씩 다가 가다).

영작: 그녀는 내게 한마디도 참견 하지 못하게 했다.

답:

영작: 사람들은 상원의원 주위에 밀집해 있었다. 그러나 김군은 끼어드는데 성공했다.

답:

참조: Kim move slowly and quietly through to meet the senator.

영작: 김군은 그 책을 책장 위에 간신히 끼워놓았다.

답:

참조: Kim forced the book into a tight place on the shelf.

20. Edge out. V. To defeat in competition or rivalry; take the place of ; force out.(〈지위에서 아무를〉서서히 밀어내다,〈쫓아내다〉).(〈조심해서〉 조금씩 나아가다〈나오다〉).

영작: 그들은 그를 회사에서 쫓아냈다.

답:

영작: 헨리는 메리의 애정을 독차지하기 위하여 톰을 밀어냈다.

답:

참조: Harry won out over Tom so that Mary liked Harry better.

21. Egg on. V. To urge on; excite; lead to action.(〈아무를〉 부추기다, 선동하다, 충동질 하다).

영작: 김씨의 아내는 단지 눈에 띄기 위해서 돈을 낭비하도록 그를 부추겼다.

답:

참조: Kim's wife encouraged him to spend just to show off.

영작: 장년의 소년들은 어린 두 명의 소년들을 싸우라고 선동했다.

답:

참조: The big boys talked and persuaded and two younger ones into fighting.

22. Eke out. V. a) To fill out or add a little to; increase a little.(보충하다, ...의 부족분을 채우다).

영작: 검소한 식사는 빵과 우유로 보충되었다.

답:

참조: There was not much but the family filled up on bread and milk.

b) To get (little) by hard work; to earn with difficulty.(절약하여 오래 계속 시키다; 변통하여 〈근근이〉 〈생활을〉 해나가다).

영작: 김씨는 암석이 많은 언덕의 중턱에서 농사를 일구면서 근근이 생활했다.

답:

참조: With hard work he managed to earn a poor living trying to grow food on a rocky hillside.

23. End for end. Adv. Phr. In a reversed or opposite position (as upside down or backwards); the other way around; over.(양끝을 거꾸로, 반대로).

영작: 박스가 떨어지면서 거꾸로 뒤집혔다, 그래서 모든 것이 쏟아졌다.

답:

참조: The box turned over with the bottom up.

영작: 강풍이 카누를 덮쳤고 그리고 그것을 거꾸로 뒤집었다.

답:

참조: The wind swung the canoe around sot that it pointed in the opposite direction.

24. End up. V. a)To come to an end; be ended or finished ; stop.(끝내다; 결국에는...이 되다).

영작: 그 이야기는 어떻게 종결되었니?

답:

참조: Tell the end of the story.

b) To finally reach or arrive; land.

영작: 당신이 감옥에서 생을 마감하지 않기를 나는 기대한다.

답:

참조: I hope the things you do won't get you arrested.

25. Enjoy oneself. V. Phr. To have a good time; be happy; feel pleasure.(즐기다, 즐겁게 지내다).

영작: 메리는 파티에서 즐겁게 지냈다.

답:

참조: Mary had a good time at the party.

26. Enlarge on <u>or</u> upon and expand on or upon. V. To talk or write more about; say or explain more completely or at greater length.(..대해 상술하다).(〈책을〉 증보하다).

영작: 선생님은 원자력의 사용들에 관하여 상술했다.

답:

참조: The teacher told more about the future uses of atomic power.

27. En masse. Adv. Phr. As a group; in one big mass or group.– (한꺼번에, 일괄하여; 떼를 지어, 집단으로; 전반적으로)

영작: 농부들을 워싱턴으로 행진했고 그리고 그들의 요구들을 정부에 한꺼번에 제출했다.

답:

참조: The farmers made their demands as a group.

28. Enough is enough. That's enough, let's not have any more; that will do, let's cut it short; that's the limit, let's stop there.(이제 그만).

29. Equal to. Adj. Phr. Able to meet, do, or control, able to do something about. (같은, 임무 따위에 적당한, 감당할 수 있는, 〈충분한 역량이〉 있는).

영작: 그 상황은 민첩한 생각을 요구했으나 김군은 그것을 감당할 수 있었다.

답:

참조: John was able to do it successfully.

영작: 손님이 커피 잔을 엎질렀을 때, 이양은 재치와 그리고 재빠른 기질은 그 상황에 적임이었다.

답:

참조: Miss Lee said or did something sto that almost no one noticed it, and the quest was not embarrassed.

30. Even so. Adv. Although that is true; nevertheless; still.(매우, 대단히)(〈양보절에서〉 비록 아무리〈...하더라도).

영작: 비록 화재는 소진되었다. 그러나 그렇다 하더라도, 화염의 냄새는 강렬했다.

답:

참조: The fire was out, but the smell was strong.

31. <u>Every cloud has a silver lining.</u> Every trouble has something hopeful that you can see in it, like the bright edge around a dark cloud. (어떤 구름이라고 그 뒤쪽은 은빛으로 빛난다. (괴로움이 있는 반면에는 즐거움이 있다).

32. Every time one turns around. Adv. Phr. Very often.(늘, 언제나).

영작: 미스터 김은 부자임에 틀림없다. 그는 언제나 새 재킷을 구입한다.

답:

참조: He buys new suits often.

영작: 안돼. 이군, 나는 너를 매번(언제나, 항상) 공원으로 운전해 줄 수 없다.

답:

참조: You want me to drive you to the park too often.

33. <u>Every dog has his day.</u> Everyone will have his chance or turn; everyone is lucky or popular at some time.(쥐구멍에도 햇볕들 날 있다).

34. <u>Exception proves the rule</u>. Something unusual that does not follow a rule tests that rule to see if it is true; if there are too many exceptions, the rule is no good.(예외가 있음은 규칙이 있다는 증거다).

영작: 김군은 매우 키가 작다. 그러나 훌륭한 농구선수이다. 그는 예외적인 사람이다.

답:

참조: Kim is an unusual basketball player because they are usually tall.

영작: 예외 없는 규칙은 없다.

답:

35. Excuse oneself. V. Phr. To think of reasons for not being to blame; think yourself not at fault.(변명하다, 사과하다).

영작: 선생님이 그를 좋아하지 않는다는 것을 핑계로 그의 낮은 학점을 김군은 변명했다.

답:

참조: He told himself he wasn't to blame, because he thought the teacher wouldn't give him good grades no matter how good his work was.

영작: 그의 시계가 틀렸다고 말하면서, 김군은 그의 지각을 변명했다.

답:

참조: Kim asked to be excused for being late.

b) To ask permission to leave a group or place.

영작: 존은 치과의사에게 가야만 했고 그리하여 그는 허락을 받고 강의실을 떠났다.

답:

참조: John asked the teacher to excuse him and left the room.

36. Every inch. adv, phr. To the last part, in every way; completely.(마지막, 최후의).

영작: 그는 완벽한 남자였다.

답:

참조: He was a man in all ways.

37. Every which way <u>also</u> any which way. In all directions.(사방팔방으로; 뿔뿔이 흩어져, 어수선하게).

영작: 벽돌들과 판자들이 땅에 사방팔방으로 혼란스럽게 흩어져 있었다.

답:

참조: Bricks and boards were scattered everywhere.

38. Every single <u>or</u> every last. adj, phr. Every. _Used for emphasis.(...마지막, 최후의)

영작: 그녀가 박스를 떨어뜨렸다. 그리고 그녀가 그것을 열었을 때, 모든 유리컵이 깨어져 있었다.

답:

참조: When she opened the box she had dropped she found that all the glasses were broken.

39. Explain away. V. To explain (something) so that it does not seem true or important. (슬쩍 넘어가다)

영작: 존은 그의 부러진 팔을 선생님에게 보여줌으로써 그의 미완성의 숙제를 슬쩍 넘어가려고 했다.

답:

참조: John showed his broken arm, and that explained why he couldn't write his homework.

40. Explain oneself. V. Phr. a)To make your meaning plainer; make your first statement clear.(자신이 하는·말의 뜻을 분명히 하다; 자신의 행위〈의 동기〉를 변명〈해명〉하다).

영작: 우리가 이군을 이해할 수 없었을 때, 그는 계속적으로 자신의 말의 뜻을 분명했다.

답:

참조: Lee explained his meaning in simpler words.

b) To give a good reason for something you did or failed to do which seems wrong.

영작: 김군이 메리를 새벽 3시에 집으로 데리고 왔을 때, 그녀의 아버지는 그에게 해명하라고 요구했다.

답:

참조: He asked Kim why they were so late.

41. Express oneself. V. Phr. To say what you think or feel; put your thoughts or feelings into words by speaking or writing.(생각하는 바를 말하다, 의중을 털어놓다).

영작: 그 소녀는 토론에서 생각하는 바를 잘 표현했다.

답:

참조: The girl spoke her thoughts well in debate.

42. Eye out. Careful watch or attention; guard. Used after <u>Keep, have</u> or <u>with</u> (...을 감시하고 있다, 경계하고 있다).

영작: 주시해, 우리는 조군의 집에 가까웠다.

답:

참조: Be ready to see Joe's house.

영작: 메리는 떨이를 주시하고 있다.

답:

참조: She watches carefully for bargains.

43. Eyes are bigger than one's stomach. You want more food than you can eat. (먹지도 못할 것을 탐내다, 게걸이 들다).

영작: "너는 게걸이 들었구나."라고 그가 그의 접시에 음식을 담뿍 담았을 때, 어머니가 어린 톰에게 말했다.

답:

참조: Mother told Tom that he has a wish for more food than he could eat, and it would be wasted.

44. Eyes open. Careful watch or attention; readiness to see.– Usually used with for (눈을 크게 뜨게 하다).

영작: 사냥꾼은 그의 눈을 크게 뜨고 토끼들을 쫓고 있었다.

답:

조: He was hunting for rabbits.

영작: 그들은 주유소를 찾기 위하여 눈을 크게 뜨고 운전을 하였다.

답:

참조: They looked for a gas station as they drove.

45. Eyes pop out. (You) are very much surprised. –Used with a possessive noun or pronoun.(〈놀라움과 공포 등으로 〉눈알이 튀어나올 듯이 되다).

영작: 그녀의 어머니가 강의실에 들어 왔을 때 메리의 눈은 튀어 나올 듯했다.

답:

참조: Mary was very much surprised to see her mother come into the classroom.

46. Eye to. Attention to.— Usually used with have or with (...에 주목하다, ...을 돌보다, ...을 주위하다〈지키다〉).

영작: 이 서류들의 철자에 주목하시오.

답:

참조: Pay attention to your spelling in these papers.

Section F

1. **Face the music. V. Phr. To go through trouble or danger, especially because of something you did; accept your punishment.** (자진하여 어려움을 맡다; 자초한 결과를 깨끗이 〈미련 없이〉받다).
   영작: 소년은 시험 중에 부정행위로 잡혔고 그리고 자진하여 결과에 책임을 졌다.
   답:
   참조: He could not escape being punished.
   영작: 뇌물을 수뢰해 온 공무원이 신문에 의하여 공개되었다. 그리고 그는 그 대가를 치러야만 했다.
   답:
   참조: He had to accept being put on trail and sent to prison.

2. **Face-to-face. Adv. Phr. With your face looking toward the face of another person; each facing the other.**(정면으로, 마주 대하여).
   영작: 골목을 돌자, 그는 경찰과 정면으로 마주하고 있는 것을 알아차렸다.
   답:
   참조: When he turned a corner, he nearly bumped into a policeman coming toward him.
   영작: 교회와 학교는 거리를 질러 정면으로 서있다.
   답:
   참조: The church is just across the street from the school.

3. **Face-to-face. Adj. Being in the presence of a person; being right with someone.** (정면으로 마주보는; 맞부딪치는)
   영작: 한국의 장관이 대통령과 직접 상면하는 회의를 위하여 워싱턴에 왔다.

답:

참조: The Korean Minister came to see and talk with the President, not just write letters or talk on the telephone.

4. Face up to. V. To accept (something hard or unpleasant).(직면하다; ...에 감연히 맞서다).

영작: 그가 창문을 부셨다고 그의 이웃에게 말을 해야만 한다는 것을 그 소년은 알고 있었다. 그러나 그는 그것에 직면할 수 없었다.

답:

영작: 우리는 우리의 의무들에 맞서야만 한다. 그리고 그것으로부터 탈피하려고 노력해서는 않 된다.

답:

참조: We must accept our responsibilities.

5. Face value. N. The worth or price printed on a stamp, bond, note, piece of paper money. (액면가격, 표면상의 가치, 문자 그대로의).

영작: 저축성 펀드는 $25의 액면 가치를 갖고 있었다.

답:

참조: The bond would be worth $25 at the right time in the future.

영작: 그녀는 그의 이야기를 있는 그대로 받아들였고 그가 농담하고 있는지를 몰랐다.

답:

참조: She believed his stories, but they were not true, only jokes.

6. Facts of life. N. Phr. The truth which we should know about sex, marriage, and births.

영작: 그가 성년이 되었을 때, 그의 아버지는 삶의 진상들을 말했다.

답:

참조: His father told him the truth about sex and marriage when he was a little older.

7. Fair shake. N. Honest treatment.(공평한 취급〈기회〉).

영작: 김군은 항상 공정한 기회를 나에게 준다.

답:

참조: He has never cheated me, he has always treated me honestly.

8. Fair-weather. N. A person who is a friend only when your are successful. (날씨가 좋을 때만의; 유리한 때만의).

영작: 김군은 단지 유리할 때만 친구라는 것을 모든 사람은 알고 있다.

답:

참조: Everyone knows that Kim is friendly only with people who are successful. He does not stay friendly if a person had a bad luck.

9. Fair-haired boy. N. A person that gets special favors; favorite.(〈윗사람의〉 마음에 드는 〈총애 받는 남자).

영작: 만약 그가 많은 표차로 선거에 승리한다면, 그는 그의 정당에 총애 받는 남자가 될 것이다.

답:

참조: He will be the most favored member of his party if he wins the election by a large majority.

10. Fall all over. V. Phr. To show too much love or thanks toward (someone).(..의 일로 열심이다, ...에게 잘 보이려고 아부하다; 지나칠 정도로 애정을 〈감사〉를 표현하다).

영작: 그녀는 그를 사랑하고 있다. 당신이 매번 그들을 볼 때 마다, 그녀는 그에게 애정을 너무나 과두하게 표현한다.

답:

참조: She shows her love for him by hugging and petting him.

11. Fall back on <u>or</u> fall back upon. V. a) To retreat to. (벌렁 자빠지다, 후퇴하다; 뒷걸음치다, 주춤하다).

영작: 그 적은 강력한 공격을 감행했고 그리고 군인들은 상설 주둔지로 퇴각했다.

답:

참조: The soldiers retreated to the fort.

b) To go for help to; turn to in time of need.(...에 의지하다).

영작: 어머니의 병원비에 대한 거액의 청구서가 도착 했을 때, 아버지는 필요할 때 적절하게 쓸 수 있는 돈을 은행에 갖고 있었기 때문에 기뻤다.

답:

참조: Father was glad he had money saved to use in a time of special need.

영작: 만약 김군이 선생님으로 직장을 찾지 못한다면, 그는 인쇄업자로 그의 재능을 위탁할 수 있다.

답:

참조: Mr. Kim can find a job as a printer instead of working as a teacher, though he would rather teach.

12. Fall behind. V. To go slower than others and be far behind them.(뒤지다. 〈..에〉뒤떨어지다; 〈일, 지불 등이〉늦어지다.)

영작: 야영자들이 숲속에서 하이킹을 하고 있을 때, 두 소년들이 뒤쳐졌고 그리고 길을 잃었다.

답:

참조: Two boys walked slowly and let the others go very far ahead of them; then they could not find them.

영작: 김 교수의 강의들이 그에게는 너무 어려웠기 때문에, 그는 곧 강의의 나머지 부분을 따라가지 못했다.

답:

참조: The work was too hard for him and his classmates learned more than he did.

영작: 그녀는 너무나 많이 공상을 했고, 그리고 수업을 따라가지 못했기 때문에 이양은 진급하지 못했다.

답:

참조: She dreamed too much and didn't know her lessons.

13. Fall in. V. To go and stand properly in a row like soldiers.(지붕, 벽 따위가)내려 주저앉다. 〈지반이〉 함몰하다). 정렬하다. 대열을 짓다; 〈구령〉 집합, 정렬!)

영작: 대장은 그의 군인들에게 정렬하라고 말했다.

답:

참조: He told them to stand right in line.

14. Fall in for. V. To receive; get.(목으로서〉...을 받다; 비난, 동정 따위를 받다).

영작: 그가 그의 발을 부러뜨렸을 때 그 소년은 약간의 동정을 받았다.

답:

참조: The received sympathy.

영작: 그의 팀이 결승경기에서 패배했을 때, 그 팀의 주장은 대부분의 비난을 받았다.

답:

참조: The manager got most of the blame for his team's failure in the playoffs.

15. Fall in with. V. To meet by accident.(...와 우연히 만나다; ...에 동의하다; 참가하다; ...와 조화〈일치〉하다).

영작: 심양은 그녀의 몇 명의 친구를 시내에서 우연히 만났다.

답:

참조: Mary met some of her friends by accident downtown.

영작: 나는 그의 아버지를 속이려는 잭의 계획에 동의(참가)했다.

답:

참조: I agreed to help Jack with his plan.

16. Fall on or fall upon. V. a) To go and fight with; attack.(서둘러 〈힘차게〉 ...을 시작하다, ...에 착수하다; ..을 〈게걸스레〉먹기 시작하다).

영작: 도둑들은 나무 뒤로부터 그를 공격(습격)했다.

답:

참조: The robbers hid and attacked him.

b) to meet (troubles) (〈몸에〉 닥치다〈불행 따위가〉

영작: 그 유명한 시인은 불행한 시기에 직면했다.

답:

참조: The poet was famous at first but became poor and unhappy.

17. Fall out. V. a) To happen. (일어나다, 생기다;..으로 판명되다).

영작: 판명되었듯이, 김군은 그의 낡은 차를 팔 수 있었다.

답:

참조: They did not know if he could sell the car, but at last he did sell it.

b) To quarrel; fight; disagree.(〈사이가〉틀어지다, 불화, 다투다).

영작: 도둑들은 약탈물의 배분을 둘러싸고(배분의 일로)다투었다.

답:

*over: ...에 관해서, ...을 둘러싸고, ...의 일로.

참조: The thieves quarreled about dividing the stolen goods.

c) To leave military formation.(〈군 대열에서〉이탈하다, 낙오하다).

영작: 해산하라. 해산! (Dismiss!)

답:

참조: You men may leave now.

18. Fall short. V. To fail to reach (some aim) ; not succeed.(결핍, 〈부족〉하다, 미달이다. 〈화살, 탄환 등이〉 미치지 못하다).

영작: 그의 점프는 세계 신기록에서 3인치가 부족했다.

답:

참조: His jump was three inches less than the best in the world.

영작: 그 영화는 예상에 미치지 못했다.

답:

참조: The movie was not as good as we thought it would be.

19. Fall through. V. To fail; be ruined; not happen or be done.(실패하다, 그르치다, 실현되지 않다).

영작: 대학을 진학하려는 미스 리의 계획은 마지막 순간에 실현되지 않았다.

답:

참조: Her plan did not succeed.

영작: 그녀의 집을 매각하려는 이양의 협상은 실패했다.

답:

참조: The deal was not completed.

20. Fall to. V. To begin to work.(...을 시작하다, ...에 착수하다).

영작: 소년은 착수했고 그리고 잔디를 재빨리 잘라냈다.

답:

참조: They began to work and quickly cut the grass.

b) To begin to eat.

영작: 모든 사람들이 착석하기도 전에 굶주린 소년들은 먹기 시작했다.

답:

참조: The boys began to eat before everyone sat down.

영작: 옛날 여자 친구들은 만났고 그리고 그들의 학창시절에 관하여 이야기하기 시작했다.

답:

참조: They began to talk about things they did in school.

21. Far and away. Adv. Phr. Very much.(훨씬, 단연)

영작: 이 물고기는 호수에서 이제까지 잡힌 것 중에 훨씬 컸다.

답:

참조: It was much bigger than any other fish ever caught on the lake.

22. Far and near. N. Phr. Far places and near places; everywhere.(여기저기에, 도처에)

영작: 사람들은 그의 연설을 경청하기 위하여 도처에서 왔다.

답:

참조: People came from many different places to hear the speaker.

23. Far and wide. Adv. Phr. Everywhere, in all directions.(원근〈도처〉에서).

영작: 바람은 송이늘을 사방으로 날려 보냈나.

답:

참조: The wind blew the papers away in all directions.

영작: 나의 오랜 학교 친구들은 서로서로 도처로 흩어졌다.

답:

참조: My friends have separated far away from each other.

24. Far cry from. N. Something very different. (..와 멀리 떨어져 있다; 와 현격한 차이가 있다).

영작: 그의 마지막 언급은 그의 첫 번째 이야기와 현격한 차이가 있었다.

답:

참조: He changed his first story and said something different.

25. Farm out. V. To have another person do (something) for you; send away to be done.
(토지, 시설 등을) 임대하다, 〈일을〉하청주다, 하도급 시키다).
영작: 우리 선생님이 읽어야할 시험지들이 너무나 많았기 때문에, 그녀는 친구에게 그것의 반을 맡겼다(시켰다).
답:
참조: The teacher gave half of the papers to a friend to read for her.
영작: 어머니가 편찮으실 동안, 아이들은 친척들에게 위탁되었다.
답:
참조: Father sent the children to relatives to be taken care of.

26. Fast buck <u>or</u> quick buck. Slang. Money earned quickly and easily, and sometimes dishonestly. (부정하게 〈번〉돈, 손쉽게 벌리는 돈).
영작: 그는 경력에 관하여 관심이 없다; 그는 손쉽게 벌리는 돈을 오직 찾고 있는 중이다.
답:
참조: He is just looking for a way to get money without working hard.

27. Fat chance. N. Phr. Little or no possibility; almost no chance.(희박한 가능성)
영작: 고등학교 팀이 강력한 대학팀을 패배시키는 것은 가능성이 희박한 것이다.
답:
참조: I do not think the high school team would win.
영작: 제인은 아름답고 인기가 좋다; 당신이 그녀와 함께 데이트를 한다는 것은 거의 불가능하다.
답:
참조: She has many friends; I don't think she would go with you.

28. Favorite son. N. Man supported by his home state for President.(인기후보자).
영작: 전국대회에서, 각주들은 그들의 인기후보자를 먼저 투표한다.
답:
참조: They vote for men from their own states to honor them.

29. Feast one's eyes on. V. Phr. To look at and enjoy very much.(..을 즐겁게 〈감탄하면서〉 바라보다).

영작: 그는 아름다운 그림을 감탄하면서 바라보았다.

답:

참조: He enjoyed looking at the beautiful painting very much.

30. Fed up with 〈on〉 <u>also</u> fed to the grills <u>or</u> fed to the teeth. Adj. Phr. Having had too much of something; at the end of your patience;disgusted;bored;tired.(..에 물리다, 진저리〈넌더리〉나다).

영작: 사람들은 항상 허풍떠는 어느 누구에게도 실증을 갖는다.

답:

참조: People become bored and disgusted with anyone who is always talking about how wonderful he is.

영작: 그는 T.V에 진저리가 났고 사촌에게 그의 수상기를 팔았다.

답:

참조: He sold his T.V set to his cousin because he lost patience with the programs.

영작: 나는 많은 그의 불평들을 들어왔다. 나는 진저리가 난다.

답:

참조: I have heard all of the complaints I can stand.

31. Feel in one's bones <u>or</u> know in one's bones. V. Phr. To have an idea or feeling but not know why.(확신, 〈직감〈직감하다)

영작: 내일은 청명할 날씨가 될 것을 나는 직감한다.

답:

참조: I didn't read the weather report but I have an idea that tomorrow will be sunny.

영작: 나는 신이 우리를 보호할 것을 확신한다.

답:

참조: I am sure that God will protect us.

32. Feel out. V. To talk or act carefully with someone and find what he thinks or can do.(아무의 의향 따위를〉넌지시 떠보다; 타진하다).

영작: 게임 이후에 학생들은 파티에 관하여 교장에게 넌지시 타진했다.

답:

참조: They talked with him to see if he would agree about a party.

영작: 존은 그날 저녁에 자동차를 사용할 수 있는가에 대하여 그의 아버지를 타진했다.

답:

참조: John talked carefully to see if his father would let him use the car.

33. Feet on the ground. N. Phr. An understanding of what can be done; sensible ideas. —Used with a <u>possessive</u>.

영작: 존은 합리적인 사고를 갖고 있다; 그는 한 번에 모든 것을 배울 수 없다는 것을 알고 있다.

답:

참조: He understands that it will take time to get an education.

34. Few and far between. Adj. Phr. Not many; few and scattered; not often met or found. (극히 드물게, 적은).

영작: 당신이 물을 구할 수 있는 장소들은 사막에서는 극히 드물다.

답:

참조: There are very few places to find water in the desert.

영작: 김군 만큼 열심히 일을 할 수 있는 사람들은 극히 드물다.

답:

참조: Not many people will work as hard as Mr. Kim.

35. Figure in. V. To add to a total; remember to put down in figures. (계산에 넣다, 등장하다, 가담하다, 관계하다).

영작: 우리는 여행비용을 계산에 넣었으나 음식비용을 깜박했다.

답:

참조: When we added together the money needed for our trip, we added in the cost of traveling but forgot the cost of meals.

36. Figure on. V. To expect and think about while making plans. (고려하다, 믿고 의지하다, 꾀하다; 궁리〈계획〉하다).

영작: 우리는 그렇게 많은 사람들이 소풍에 참석할 것을 고려하지 못했다.

답:

참조: We did not think so many people would come.

37. Figure out. V. To find an answer by thinking about (some problem or difficulty); solve. (이해하다, 〈문제〉을 풀다, 해결하다)

영작: 박군은 문학 텍스트의 마지막 문제를 이해하지 못했다.

답:

참조: He could not find the answer; he did not knot how to work the problem.

38. Fill in. V. To write words needed in blanks; put in; fill. (〈서류, 빈 곳에〉 써 넣다, 〈필요 사항 따위를〉 적어 넣다).

영작: 당신은 직장을 위한 신청서의 빈칸들을 작성해야만 한다.

답:

참조: You should write your age, name and other things asked.

b) To tell what you should know.(자세한 지식을 〈새로운 정보를 〉알리다; 가르치다).

영작: 새로운 소년은 규칙을 몰랐다. 그래서 밥이 그에게 자세한 정보를 알려 주었다.

답:

참조: Bob told the new boy what the rules were.

영작: 메리가 와병 동안에 수행될 과제물에 관하여 선생님은 그녀에게 자세히 가르쳤다.

답:

참조: The teacher explained what lessons Mary had missed.

39. Fill one's shoes. V. Phr. To take the place of another and do as well; to substitute satisfactorily for.(아무를 대신하다).

영작: 잭이 부상당했을 때, 코치는 그를 대신할 어느 누구도 없었다.

답:

참조: Jack was a fine player and nobody could do as well.

40. Find fault. V. Phr. To find something wrong; complain; criticize.(...의 흠(탈)을 잡다).

영작: 그녀는 그를 기쁘게 하려고 노력하나, 그는 항상 트집을 잡는다.

답:

참조: He finds something wrong with everything she does.

41. Find oneself. V. Phr. To find out what one is fitted for and succeed in that. (알고 보니, 어떤 상태에〉있음을 깨닫다, 알아차리다; 〈어떤 장소에〉 있다)

영작: 메리는 여러 방면(분야) 일을 시도했으나 마침내 그녀는 선생님으로 적합했다.

답:

참조: She had other jobs but liked teaching best and succeed in it.

42. Fine-tooth comb. N. Phr. Great care; careful attention so as not to miss anything. (철저〈면밀〉하게 조사〈음미〉하다).

영작: 경찰은 단서를 찾기 위해 범죄현장을 철저하게 탐색했다.

답:

참조: The police searched very carefully for clues.

43. Firing squad. N. A group of soldiers chosen to shot a prisoner to death or to fire shots over a grave as a tribute.(군대 장례의 조청 사격부대, 총살 집행대)

영작: 독재자는 그의 적들을 총살 집행대 앞에 자주 보낸다.

답:

참조: A man who seizes power often has his enemies shot.

영작: 고인 장군은 군대 장례의 조청 사격대에 의해 경의를 받았다.

답:

참조: Some soldiers fired shots over the grave to honor him.

44. First and foremost. Adv. Phr. As the most important things; first.(맨 먼저, 우선 무엇보다도).

영작: 맨 먼저 그들은 음식을 필요로 한다.

답:

참조: Food was the very first thing they need.

45. First and last. Adv. Phr. Most noticeably; all the time; chiefly.(대체로, 맨 먼저, 우선 무엇보다도).

영작: 그는 무엇보다도 학교 선생님이었다.

답:

참조: He loved teaching better than anything else.

영작: 김군은 군대에 입대했다. 왜냐하면 맨 먼저 그는 그의 조국에 봉사하는 것을 무엇보다도 원했기 때문이었다.

답:

참조: Mr Kim's chief whish was to help his country so he joined the army.

46. First-run. Adj. Phr. Shown for the first time; new.(개봉〈흥행의, 영화, 영화관〉).

영작: 소도시의 영화관은 단지 흥행 영화들만을 상영했다.

답:

참조: The local theater showed only new movies which had not been seen there before and did not show old films.

47 First string. N. The best group of players on a team; first team.(일류의, 일급의; 정규〈정식〉의 〈운동 선수 등〉).

영작: 이군은 농구를 사랑했고 그리고 그가 일류선수가 되기까지 열심히 연습했다

답:

참조: He was put on the first team, to play against other schools.

48. Fish for. V. To try to get <u>or</u> to find out (something), by hinting or by a round about way to try to lead someone else to give or tell you what you want by hinting. (〈사실, 견해 따위를〉 알아보다, 타진하다, 구하다).

영작: 김군은 이군의 집에 초대를 항상 알아보고 있었다.

답:

참조: He was like to be invited to Bob's house.

영작: 시험이 다가오자, 몇몇의 학생들은 정보를 타진했다.

답:

참조: They try to make the teacher give them a hint about what will be in the exam.

49. Fit as a fiddle. Adj. Phr. In a very good health. (건강하다, 튼튼하다).

영작: 그 남자는 거의 90살이나 그러나 건강하다.

답:

참조: He was almost 90 years but in very good health.

영작: 메리는 수술이후 수 주간 집에서 휴식을 취했다: 그녀는 건강해졌다.

답:

50. Fit like a glove. V. To fit perfectly.(..꼭 맞다〈끼다〉).

영작: 그녀의 새 드레스는 그녀에게 꼭 맞는다.

답:

참조: Her new dress fits perfectly.

51. Fit out <u>or</u> fit up. V. To give things needed; furnish. (채비〈준비〉를 해주다; 장비하다).

영작: 그 집은 매우 멋있게 가구를 비치되어 있었다.

답:

참조: The house had nice furniture and other things in it.

영작: 그는 그의 방을 사진실로 꾸몄다.

답:

참조: He made his room into a photographic laboratory.

52. Fix up someone with. V. Phr. To help another get a date with a woman or man by arranging a meeting for the two. (〈날짜, 약속등을〉 정하다, (...에게, ...을)마련해주다, 구해주다)

영작: 친구야, 너는 이번 주말에 내가 어느 누구라도 데이트를 할 수 있게하는 것이 가능 하겠니! 나는 정말 외롭구나!

답:

참조: Can you possibly get me a date with a girl, I have no one to go out with.

53. Fizzle out. V. To stop burning; die out.(〈불이〉'쉿잇' 하고 꺼지다; 용두사미로 끝나다).

영작: 퓨즈가 폭죽이 폭발하기 전에 쉬잇 하고 꺼졌다.

답:

참조: The fuse didn't stay lit long enough to blow up the firecracker.

영작: 파티는 모든 사람이 일찍 집으로 돌아갔을 때 용두사미로 끝났다.

답:

참조: The party ended in failure when the people went home early.

54. Flare up. V. a) To burn brightly for a shorty time especially after having died down. (확 타오르다; 불끈 성내다).

영작: 그 불꽃은 다시 확 타오르더니 그리고 나서 꺼졌다.

답:

참조: The fire burned brightly for a short time and then died.

b) To become suddenly angry.(불끈 성내다).

영작: 주지사는 보고자의 언급에 불끈 성냈다.

답:

참조: The mayor suddenly got angry at what the reporter said.

영작: 어머니는 그녀의 아이들에게 불끈 성냈다.

답:

참조: Suddenly the mother showed great anger toward her children.

c) To begin again suddenly, especially for a short time after a quiet time.(〈병 따위의 돌연한〉 재발; 〈문제 등의 급격한〉 재연).

영작: 김의 관절염은 때때로 재발했다.

답:

참조: He sometimes had attacks of arthritis.

55. Flash card. N. card with numbers or words on it that is used in teaching a class. (잠깐 보여 글자를 읽게 하는 외국어 따위의 교수용 카드).

영작: 선생님은 강의를 훈련하기 위하여 플래시 카드를 첨가 사용했다.

답:

참조: The teacher used cards with problems on one side and answers on the other to drill the class in addition.

56. Flea market. N. Phr. A place where antiques, second-hand things, and cheap articles are sold, and especially one in the open air.(도떼기〈고물, 벼룩〉 시장).

영작: 지방의 골동품 딜러들은 벼룩시장을 개최했다.

답:

참조: The local antique dealers set up an open-air market.

영작: 유럽에는 야외의 벼룩시장들이 많이 있다.

답:

참조: There are many places in Europe where cheap and used things are sold outdoors.

57. Flesh out. V. a) To add to; make fuller, bigger, or longer.(살을 붙이다; 각본가가 등장인물을 〉구체화〈부각〉시키다).

영작: 작가는 그의 전쟁 경험들을 더 첨가함으로써 그의 이야기를 구체화 (부각)시켰다.

답:

참조: He made his story longer by adding more.

b) To become heavier, put on weight, or flesh.(살찌다).

영작: 그는 병환이후 몸무게가 감량되었으나 다시 살찌기 시작했다.

답:

참조: He's regaining lost weight.

58. Flip-flop. N. A complete change; a switch from one thing to an entirely different one. (〈동향, 소신, 태도, 방침 등의〉돌변, 급변)

영작: 존은 그의 아버지 같이 목수가 되기를 원했으나, 그가 인쇄 상점을 보았을 때, 그는 방향을 바꾸었고 그리고 지금 그는 인쇄를 배우고 있다.

답:

참조: He made a complete change in his plans for the future.

b) Adj. Involving or using a change from one of two places, positions, or alternatives to the other.(위치를 따위를) 바꾸는, 전환식의).

영작: 그 기계는 플립 플롭 스위치로 통제되었다.

답:

참조: The machine was controlled by a switch that was either off or on.

영작: 축구 코치는 전환식의 공격을 사용함으로써 그의 적들을 놀라게 하길 바라고 있다.

답:

참조: The coach hoped to surprise his opponents by using an offense in which players exchange positions.

59. Flip one's lid also flip one's wig. a) To lose one's temper.(분노를 폭발시키다, 마음껏 웃다).

영작: 강요하는 세일즈맨이 다시 되돌아 왔을 때, 어머니는 사실상 분노를 폭발시켰다.

답:

참조: Mother grew very angry when the stubborn salesman came back.

b) To become unreasonably enthusiastic.(...에 열중하다, 〈사람이〉 반응을 보이다〉흥분, 기쁨 따위의).

영작: 그녀는 가게 진열장에서 본 모자에 그녀는 흥분을 감추지 못했다.

답:

참조: She just had to have that new hat.

동전을 튕겨 올리다: Flip one's lid up.

60. Flush it. V. Phr. To fail (something).(시험〈과목〉에 낙제하다).

영작: 나는 수학 강의를 사실상 낙제했다.

답:

참조: I failed my math course.

영작: 너는 내가 그 이야기를 믿을 것을 기대하니? 때려 집어치워!

답:

참조: You expect me to believe that? Nonsense!

61. Fly-by-night. Adj. Set up to make a lot of money in a hurry, then disappear so people can't find you to complain about poor work. (믿을 수 없는, 무책임한(금전적으로). 오래 못가는).

영작: 이양은 새로운 회사로부터 청소기를 구입했다; 그녀는 그것을 수선하려고 노력했을 때,

그녀는 그 회사는 믿을 수 없는 회사라는 것을 발견했다.

답:

참조: She found that the company had closed its business and no one could be found there.

62. **Fly-by-night. N. A company that sells many cheap things for a big profit and then disappears. A person who does not pay his bills, but a fly-by-night.** (빚지고 야반도주 하는 회사, 사람. 신용할 수 없는 사람).

63. **Flying high. Adj. Very happy; joyful.** (희망에 가슴이 부풀어 있는, 의기양양한).

영작: 김군은 그의 팀이 게임을 이긴 이후 의기양양했다.

답:

참조: He was very happy when his team won.

64. **Fly in the face of <u>or</u> fly in the teeth of. V. Phr. To ignore; go against; show disrespect or disregard for.**(...에 반항하다, ...에게 정면으로 대들다〈반대하다〉).

영작: 김군의 친구들은 그를 도우려고 노력했다. 그러나 그는 그들의 충고에 정면으로 대들었고 그리고 그는 곧 만취가 되었다.

답:

참조: He refused to accept their advice and kept on drinking too much.

65. **A 〈the〉Fly in the ointment. N. Phr. An unpleasant part of a Pleasant thing; something small that spoils your fun.**(옥에 티; 흥 깨기).

영작: 우리는 해변에서 많은 즐거움을 만끽했다; 옥에 띠라면 김군이 유리조각에 그의 발을 베인 것 이었다.

답:

참조: The only thing that spoiled our fun was the cut on George's foot.

66. **Fly off the handle. V. Phr. To become very angry.**(욱 하다, 냉정을 잃다).

영작: 박군은 메리가 실수를 저지를 때마다 냉정을 잃었다.

답:

참조: Every time Mary made a mistake, Park became very angry.

영작: 아이들의 시끄러움이 옆집의 남자를 매우 화가 나게 만들었다.

답:

참조: The neighbor became angry when the children made too much noise.

67. Fly the coop. V. Phr. To leave suddenly and secretly; run away.(탈옥하다, 도망치다).

영작: 도적들은 경찰이 도착하기 전에 도망쳤다.

답:

참조: The robbers ran away before the police arrived.

영작: 그의 동반자들은 모든 돈을 가지고 탈옥했다.

답:

참조: His partner ran away with all the money.

68. Foam at the mouth. V. Phr. To be very angry, like a mad dog.(입에서 게거품을 뿜다, 격노하다).

영작: 이씨 아저씨가 세 번째 바람이 빠진 타이어를 갖게 되었을 때 그는 정말 격노했다.

답:

참조: He was as angry as he could be when he had the third flat tire.

69. Fold up. V. To collapse; fail. (꺾이다, 손들다; 〈사업, 흥행 등이〉실패하다, 망하다).

영작: 그 팀은 그 시즌의 마지막 부분에서 무너졌다.

답:

참조: The team did well in the beginning but failed later in the season.

영작: 새 레스토랑은 일 년도 채 못 되어 망했다.

답:

참조: The new restaurant went out of business in less than a year.

70. Follow in one's footsteps. also follow in one's tracks. V. Phr. To follow someone exactly. (아무의 예를 본받다, 〈흔히 친척 등의 직업을〉그대로 따르다).

영작: 그는 그의 아버지의 예를 본받아 그리고 의사가 되었다.

답:

참조: He followed his father's example and became a doctor.

71. Follow one's nose. V. Phr. To go straight ahead; continue in the same direction. (곧바로 앞으로 나아가다; 본능〈직감〉에 따라 행동하다).

영작: 곧 바로 앞으로 나아가면 당신은 그곳에 도착할 것이다.

답:

참조: Just continue in the same way and you'll get there.

72. Follow out. V. Phr. To do fully; finish. (when you are told to do.)(〈생각 등을〉 철저히 추구〈 분석, 규명〉하다).

영작: 그 소년은 지침서들을 철저히 분석했고 그리고 정교한 비행기 모델을 만들었다.

답:

참조: He did what the instructions told him to do.

영작: 그 학생은 무엇을 알려고 원하는지를 발견할 때 까지 그는 사전에서 모든 참고서들을 철저히 분석하였다.

답:

참조: He looked up all the words that he thought to know.

73. Follow through. V. Phr. To finish a movement that you have started; continue an action to its natural ending. (테니스, 골프 따위에서 배트〈채〉를 끝까지 휘두르다, 마무리 짓다, 매듭짓다).

영작: 김군은 그의 어머니를 위한 탁자를 만들기 위한 계획을 작성했다. 그러나 그는 그것을 만들면서 끝까지 마무리 하지 못했다.

답:

참조: Kim made good plans but did not finish the job; he did not make the table.

74. Follow up. V. Phr. a) To chase or follow closely and without giving up. (계속하여 행하다, 철저히 규명하다, 끝까지 따라가다〈추적하다〉).

영작: 인디언들은 물소가 죽어서 쓰러질 때까지 상처받은 물소를 끝까지 추적했다.

답:

참조: They did not let it get away from them.

b) Make (one action) more successful by doing something more.

영작: 의사는 김군의 발을 더 튼튼하게 만들기 위하여 엑스레이와 그리고 특별한 운동으로 그의 수술을 더 철저히 보안했다.

답:

참조: The doctor kept caring for his foot until it was all right again.

75. Food for thought. N. Phr. Something to think about or worth thinking about. (생각해 볼일이다).

영작: 선생님은 그의 아버지와 이야기하기를 원했다고 김군에게 말했고 그리고 그것은 김군에게 생각할 기회를 주었다.

답:

참조: It made John wonder what she wanted to talk to his father about.

영작: 이 책안에는 생각할 것이 많다.

답:

참조: The book is interesting and makes you think.

영작: 그건 생각해 볼일이다.

답:

76. Fool around <u>or</u> mess around <u>or</u> play around. V. To spend time playing, fooling, or joking instead of being serious or working.(빈둥거리며 지내다, 시간을 허비하다).

영작: 너가 대학에 가면, 너는 빈둥대지 말고 열심히 공부를 해야만 한다.

답:

참조: You must study seriously, not waste your time.

영작: 김군이 소녀들과 빈둥거리며 지내는 것을 그만두고 결혼하기를 원한다고 어머니는 말씀하신다.

답:

참조: She says he should be serious about one girl and marry her.

77. For all. In spite of ; even with. – Used for contrast.(...에도 불구하고, ...한데도).

영작: 그의 도시적인 습관(버릇)에도 불구하고 그는 마음속은(내심은) 시골소년이다.

답:

참조: He has city ways, but he is still a country boy.

영작: 잘못된 생각들이 가끔씩 있을 수 있다. 그럼에도 불구하고 이것은 이 주제에 관한 최고의 책이다.

답:

참조: It is the best book on the subject, even though it has a few mistakes; it is best, anyhow.

78. For all one is worth. With all of your strength; as hard as you can.(모든 힘을 다하여, 전력으로)

영작: 김군은 버스를 잡기 위하여 모든 힘을 다하여 뛰었다.

답: .

참조: He ran as fast as he could to catch the bus.

79. For all the world. Adv. Just exactly.(..아주 ...와 같은, 아주 꼭 닮은).

영작: 그가 그 문을 통해서 들어왔을 때, 그의 아버지가 소년이었을 때 똑같이 그는 그를 꼭 닮았다.

답:

참조: When he came through the door he looked exactly like his father when his father was a boy.

80. For as much as. Conj. Because; since.

영작: 상원의원이 80살이기 때문에, 그가 재선거에 다시 도전하지 않을 것임을 우리는 감지한다.

답:

참조: Since the senator is eighty, we feel he should not run again.

81. Force one's hand. V. Phr. To make you do something or tell what you will do sooner than planned. (어떤 행동을 취하게 하다, 무리한 일을 시키다, 억지로 잎을 열게 하다).

영작: 그가 어디에 가고 있는지를 김군은 말하고 싶지 않았다. 그러나 그의 친구는 그의 친구의 입을 억지로 열게 했다.

답:

참조: He did not want to tell where he was going, but his friend made him tell.

82. For dear life. Adv. Phr. As though afraid of losing your life.(죽을힘을 다하여, 필사적으로).

영작: 그는 도시를 향하여 필사적으로 뛰었다.

답:

참조: He was running toward town as if he thought his life was in danger.

영작: 말이 달리기 시작했을 때, 그녀는 죽을힘을 다하여 꽉 잡았다.

답:

참조: When the horse began to run, she held on as tightly as she could.

83. For fear. Because of fear.(...을 두려워하여; ...을 하지 않도록)

영작: 그는 그의 기차를 놓치지 않도록 30분 일찍 떠났다.

답:

참조: He was afraid he would miss his train, so he left one hour early.

영작: 아이가 다치지는 않을까를 두려움 때문에 그녀는 걱정했다.

답:

참조: She was afraid that the child would be hurt.

84. Forgive and forget. V. To have no bad feelings about what happened in the past.

(〈과거의 원한 따위를〉 죄다 흘려버리다).

영작: 논쟁이후 소년들을 다 잊어버리기로 걸정했디.

답:

참조: The boys decided to have no bad feelings about the argument.

85. For good <u>also</u> for good and all. Permanently, forever, for always.

영작: 잃어버린 돈은 영원히 사라졌다.

답:

참조: They never found the lost money.

영작: 심군이 학교를 졸업했을 때, 그는 공부와 영원히 담쌓았다고 결정했다.

답:

참조: Sim decided that she would never go to school again.

86. For keeps. Adv. Phr. For the winner to keep. (〈아이들의 놀이에〉따면 돌려주지 않기로 하고, 진짜로).

영작: 그들은 공기 돌을 따면 돌려주지 않기로 하고 놀았다.

답:

참조: The winner could keep the marbles.

영작: 그들은 진짜로 도시를 떠났다.

답:

참조: He went away from town and stayed away.

87. For one. As the first of several possible examples; as one example.(..한 예로써, 하나로; 나 자신은)

영작: 많은 사람들은 어떤 특정한 음식을 좋아하지 않는다. 나는 하나의 사례로 양배추를 좋아하지 않는다.

답:

참조: As an example, I do not like cabbage.

88. For one thing. Adv. Phr. As one thing of several; as one in a list of things. (하나는, 한 가지 이유는)

영작: "네가 낮은 점수를 받는 한 가지 이유는, 너는 너의 숙제를 하지 않았기 때문이라고" 선생님이 말했다.

답:

참조: The teacher told the boy one reason why he got a low mark.

영작: 첫째로는 돈도 없고 또한 바쁘기도 하다.

답:

89. For shame. Interj. Shame on you; you should be ashamed of yourself. (부끄러움을 좀 알아라).

영작: 너의 어린 동생으로부터 장난감을 빼앗다니! 부끄러운 줄 알아라!

답:

참조: Shame on you, Park, for taking the toy away from your brother.

90. Forget oneself. V. Phr. To do something one should have remembered not to do; do something below one's usual conduct although one knows better; let one's self-control slip. (자기를 잊다, 삼가는 것을 잊다. 침착〈제정신〉을 잃다).

영작: 그는 짜증(화)을 절제해야 한다는 것을 그는 알고 있었다. 그러나 걱정 때문에 그는 제정신을 잃고 소리를 지르기 시작했다.

답:

참조: He lost his temper even though he knew shouldn't.

91. For the matter. Adv. Phr. With regard to that, about that.(그 일이면, 그 문제〈점〉에 관해서는).

영작: 나는 알지도 못하고, 그 문제에 관해서, 나는 관심이 없다.

답:

참조: I don't care about that either.

영작: 엘리스는 오지도 않았고, 그 점에 관해서, 그녀는 전화조차 하지 않았다.

답:

참조: Alice didn't even telephone about not coming.

92. For the asking. Adv. Phr. By asking ; by asking for it; on request. (거저, 무상으로, 청구하는 대로).

영작: 김군은 그의 자진거를 어느 때이고 내가 빌려갈 수 있다고 말했다. 말민하면, 그깃은 나의 것이다.

답:

참조: All I had to do was to ask if I wanted to borrow it.

93. For the better. Adj. Adv. Phr. With a better result; for something that is better. (나은 쪽으로).

영작: 의사는 아버지를 건조한 날씨로 이동시키는 것이 더 바람직한 결정이라는 것을 감지했다.

답:

참조: The doctor felt that the change would make Father more healthy.

94. Foul up. V. To make dirty. (엉클어지다. 실수를 하다; 타락하다).

영작: 새들이 그의 최근 닦은 차를 더럽혔다.

답:

참조: Birds dirtied his car shortly after he had washed it.

b) To ruin or spoil by stupid mistakes.

영작: 그는 그의 역할을 망각함으로써 전체 경기를 망쳤다.

답:

참조: He spoiled the whole play by forgetting his part.

95. Freak out. V. Phr. To lose control over one's conscious self due to the influence of hallucinogenic drugs. (환각제를 먹다; 마비되다; 히피족이 되다; 색다른 흉내를 내다. 〈복장을 하다〉).

영작: 김군은 지난밤에 환각제를 복용했다.

답:

참조: He was out of his mind.

96. Freak. N. A good, or well-liked person, someone with long hair and who is likely to be a marijuana smoker or a drug user.(..에 열중한 사람. ...광; 히피족).

영작: 김군은 영화광이다.

답:

참조: He avidly enjoys seeing films.

97. Freeze out. V. To force out or keep from a share or part in something by unfriendly or dishonest treatment. (〈냉대 등으로〉 몰아내다.

영작: 다른 소년들은 클럽에서 김군을 몰아냈다.

답:

참조: The others were so unfriendly that John left the club.

98. From Missouri. Adj. Phr. Doubtful; suspicious. (의심이 많다. 〈증거를 보기까지〉 좀처럼 믿지 않다).

영작: 나를 바로로 취급하지 마시오. 나는 의심이 많은 사람이오.

답:

참조: Don't try to fool me. I am suspicious and don't believe what you tell me.

99. From scratch. Adv. Phr. With no help from anything done before; from the beginning; from nothing. (출발점에서부터, 최초부터; 맨 처음부터, 무에서).

영작: 이군은 처음부터 라디오를 만들었다.

답:

참조: Lee bought the parts and put them together himself.

영작: 재봉틀 강의에서, 메리는 어떻게 바느질 하는 것을 이미 알고 있었다. 그러나 제인은 맨 처음부터 시작해야만 했다.

답:

참조: Jane had to learn sewing from the beginning.

100. From the ground up. Adv. Phr. From the beginning; entirely; completely. (처음부터 다시; 철저하게, 모든 점에서).

영작: 화재 이후에 그들은 그들의 오두막을 처음부터 다시 지어야만 했다.

답:

참조: After their cabin burned down they had to build the whole thing over again.

101. From the heart. Adv. Sincerely; honestly. (마음〈속〉으로부터, 진심으로).

영작: 존은 항상 진심으로 이야기 한다.

답:

참조: John always speaks sincerely.

102. From way back. Adv. or Adj, or Phr. Since a long time ago; for a long time.

영작: 그는 나의 아버지를 오래 전부터 알고 있었다고 김군은 말했다.

답:

참조: Mr. Jones knew my father when he was young.

103. Fuddy-duddy. N. A person whose ideas and habits are old-fashioned. (시대에 뒤진 완고한 사람).

영작: 그의 학생들은 김교수님은 시대에 뒤진 완고한 사람이라고 생각한다.

답:

참조: His students think him old fashioned, not modern in his ideas.

104. Full of oneself. Adj. Phr. Interested only in yourself. (자기 일에만 몰두하는 사람).

영작: 만약 그가 자신에게만 몰두하는 일을 단념한다면 김군은 멋진 소년이 될 수 있을 것이다.

답:

참조: He would be nice if he would stop being interested only in himself.

105. Funny bone. N. The place at the back of the elbow that hurts like electricity when accidentally hit. (팔꿈치)

영작: 그는 책상의 팔걸이에 팔꿈치를 부딪쳤다.

답:

106. Fuss and feathers. N. Unnecessary bother and excitement.(대소동, 공연한 법석; 불평).

영작: 그녀는 오늘 아침에 공연한 법석으로 머릿속이 가득 차 있다.

답:

참조: She is full of excitement and worried about unnecessary things.

영작: 대체 무슨 일로 이리 소란하냐?

답: